PORTUGUESÍSSIMO

Maria de Fátima Braga de Matos

Grammatica da lingoagem portuguesa.

GERMAM ... GALHARDE

PORTO EDITORA

Agradecimentos

A esta equipa de trabalho, feita de colaboradores que se tornaram amigos e de amigos que se tornaram colaboradores:

- Dr.ª M.ª Conceição Silva, Dr.ª Marta Costa , Dr. José Manuel Esteves, M Guy-Jean Néel, Dr. Leonel Rosa, Dr.ª Margarida Cardoso, Dr.ª Fátima Taborda, Dr.ª Vitória Brito, Dr.ª Fátima Raimundo e Patrick Leclerck pelo trabalho paciente de leitura e reflexão e pertinência das sugestões.
- Às Edições D. Quixote pela amável autorização de publicação das B.D. de Quino.
- À Sterre Haverkamp, ao Martin Wunsch, ao Denis Volkov, à Daniela Braga Silva por "emprestarem" as suas personalidades lusófilas.
- À Astrid Fernandez, ao Arno Gimber, ao Dr. António Tavares, à Dr.ª Vera Vasconcelos, à Dr.ª Isabel Constança, ao Dr. Miguel Braga pela sua contribuição poliglota.
- À Edisco, à Dr.ª Assunção Vasconcelos, Arquimedes Canadas, Ricardo Matos Costa e Isabel Soares pelas músicas e fotografias.
- Ao Instituto Camões pela disponibilidade na cedência de informações.
- Aos correspondentes portugueses e estrangeiros desejando um proveitoso intercâmbio transnacional.
- Aos alunos e a todos que anónima mas atentamente testaram e comentaram este "itinerário de viagem".
- Aos futuros utilizadores que quiserem enriquecer com críticas e sugestões este trabalho.

SET 2000 ISBN 972-0-40142-7

Execução gráfica de: BLOCO GRÁFICO, LDA. - R. da Restauração, 387 - 4050-506 PORTO - PORTUGAL

À memória de Claude Troadec
Aos meus filhos Marta, Jorge e Ricardo

A publicação no panorama editorial português de um novo manual para o ensino da Língua Portuguesa é sempre um acontecimento digno de apoio e de louvor. O futuro da língua portuguesa no estrangeiro depende da política que se venha a definir de modo a que tenha o lugar que lhe é devido no contexto das nações, como língua de comunicação internacional. Mas a produção e publicação de materiais de trabalho, disponíveis no mercado para quem divulga a nossa língua e cultura, contribui também decisivamente para alicerçar a sua presença no mundo.

Este manual coloca o texto literário ao lado de registos mais próximos da «fala» corrente. Ele fornece à aula de língua um contributo essencial por ser um reservatório inesgotável de possibilidades de ensaio da língua onde se exploram os diversos níveis para produzir o sentido e promover a dimensão simbólica e por poder suscitar um grande número de actividades. Uma correcta concepção de ensino da língua não pode amputar o trabalho do imaginário, da criação, da emoção, do lúdico, inerentes ao prazer de descoberta de uma língua e cultura, de descoberta do Outro e da mundividência, de descoberta de si próprio.

José Manuel da Costa Esteves
(Coordenador dos Leitores de Português em França, de 1987 a 1996)

Introdução

Este manual tem como objectivo o ensino/aprendizagem do **Português Língua Estrangeira (PLE)**.

Destina-se a **jovens e adultos** e tem a duração prevista de **80 horas**.

Decorre de uma experiência de 5 anos de leitorado de Português em França, na Universidade da Picardia, em Amiens.

Resulta de uma convergência entre conceitos teóricos e uma prática no terreno, um conhecimento "ao vivo" de um público cujas necessidades, dificuldades, interesses e diversidade foram o suporte e a razão das opções e linhas de força deste trabalho. Pretendeu-se que o "divórcio" entre teoria e prática de que fala Galisson, fosse tanto quanto possível atenuado.

Partindo da concepção de língua como um todo que integra as componentes linguística, pragmática, discursiva, estratégica, socio-cultural, e tendo em vista a formação pessoal, social e cultural do público a que se destina, o manual apresenta uma selecção de conteúdos que pressupõem metodologias activas e interaccionais, com enfoque numa perspectiva transcultural em que os "saberes" do aprendente são aproveitados e valorizados, contribuindo para a reestruturação do seu próprio saber e dos outros intervenientes.

Relativamente à pergunta **"Que língua ensinar?"**, optou-se pela valorização das competências receptiva e de produção, especialmente do discurso oral, num registo corrente e/ou familiar, denunciador da riqueza e variedade da Língua Portuguesa e da cultura que veicula, integrando situações de comunicação em que é contemplada com especial atenção uma perspectiva socio-psico-linguística.

Quanto à **selecção e progressão** dos conteúdos, que critérios foram seguidos?

O do uso, da frequência, tanto a nível morfossintáctico e lexical como a nível dos actos de linguagem (na perspectiva da gramática da enunciação), critério subjacente à elaboração de "Treshold Level", "Un Niveau Seuil" ou do "Português Limiar". Não se descurou também o critério do "mais simples para o mais complexo", de paradigma para a excepção, do regular para o irregular.

Assumiu-se a opção da descrição da língua, na perspectiva da gramática pedagógica, numa abordagem primeiramente implícita (Besse) e depois explicitada para chegar à sua sistematização.

Que suportes pedagógicos foram utilizados?

– documentos "fabricados" e autênticos: textos, imagens, fotos, gravação sonora.

Os textos "fabricados" foram concebidos na perspectiva de "quase autênticos", propondo situações e registos o mais verosímeis possível. Nos textos autênticos, incluem-se excertos literários tendo em vista actividades sobretudo de recepção e de produção orientada.

Dentro deste quadro conceptual, o manual compõe-se de um livro e de uma cassete sonora. Esta contém a gravação por actores experientes dos textos introdutórios das unidades e de quase todos os textos literários. Contém ainda exercícios de leitura e de articulação no fim das cinco primeiras unidades e no início do apêndice gramatical.

Por sua vez, o livro apresenta a organização seguinte :

A – A LÍNGUA PORTUGUESA NO MUNDO (países e falantes lusófonos, genealogia...)

B – 19 UNIDADES + 1 estruturadas, contendo:

a) um corpo linguístico e icónico "fabricado" para cada unidade com:

– um **texto**, uma **ilustração**, um **questionário** de compreensão do texto, exercícios de **aplicação gramatical** e **lexical**, actividades de **produção oral e escrita**.

b) um outro corpo linguístico e icónico "autêntico" para cada unidade com:

– pequenos **textos literários e provérbios**, na rubrica Ler por prazer, e ainda **imagens** variadas adequadas à situação e aos conteúdos a assimilar.

Variados momentos de escrita e de oralidade (simulações, etc.), propõem ao aluno um processo de autonomização e implicação progressivas, em diferentes situações e centrados na sua própria vivência.

c) O **ponto da situação** (em 10 unidades) propõe um exercício globalizante de "feedback" para reintegração rápida e convergente, sobre a unidade anterior.

d) Os **conteúdos**

fonéticos (nas 5 primeiras lições) – assinalam o que constitui maior ocorrência e dificuldade na cadeia sonora do PLE.

morfossintáticos – respeitam a progressão do simples para o complexo, do paradigma para a excepção, do regular para o irregular, considerando os aspectos da morfologia e da sintaxe. São obviamente mais numerosos no início. O modo imperativo permeabiliza o aluno para a dificuldade que constitui o modo conjuntivo que está excluído.

lexicais – integram as áreas vocabulares: casa, mobiliário, serviços públicos, profissões, lojas, vestuário, alimentação, corpo humano, retrato físico e psicológico.

civilizacionais – presentes ao longo do manual, estes conteúdos dão uma relevância especial a Portugal nas duas últimas unidades, após o convite explícito à descoberta do país "pela mão" dos heróis que têm existência real.

e) Com a **intenção comunicativa** perspectiva-se a apropriação do discurso da parte do "aprendente" que, depois de apetrechado com as aquisições linguísticas adequadas, poderá interagir em situação, por escrito ou oralmente. Estão inventariados os principais "Actos de Fala", para apoio aos diferentes exercícios de produção (diálogos, expressão escrita apoiada, leitura indutiva, jogos de simulação/ jeux de rôle/ sketches – e se estes últimos termos não são totalmente equivalentes, está-lhes subjacente uma componente lúdica.

C – PORTUGAL, LITERATURA E CULTURA

À descoberta de Portugal

a) Unidade 20 – Descobrir Portugal ou outros países de expressão portuguesa é um dos corolários deste trabalho em que Portugal não é o elemento polarizador mas sim a língua portuguesa, a qual se assume também como veículo de cultura.
b) Testes culturais – mais do que fichas de conhecimentos, são testes de compreensão e de informação em que as respostas, de escolha múltipla, estão deliberadamente contidas nas perguntas.
c) Canções – de música internacional e com letra em português, podem "acontecer" na aula, sem equipamento sonoro.

D – QUADROS GERAIS

Cronologia síntese da História de Portugal.

Escritores mencionados da Literatura Portuguesa.

Artistas plásticos mencionados.

Lista de correspondentes portugueses nativos e estrangeiros.

Informações úteis sobre instituições portuguesas.

E – APÊNDICE GRAMATICAL (28 páginas) contém a descrição do essencial da língua portuguesa, perspectivado para um público estrangeiro.

F – APÊNDICE LEXICAL é composto por cerca de 1400 vocábulos, na maioria empregues no manual, traduzidos em francês, inglês e alemão, podendo servir para os utilizadores que aprendam o português através destas línguas.

Se, para além do conhecimento da língua, o Portuguesíssimo tiver ainda contribuído para uma descoberta de nós próprios pela riqueza da diferença, ele terá cumprido o seu papel.

Índice

PORTUGUÊS

Línguas mais faladas no Mundo (em milhares)

Línguas	Locutores potenciais	Locutores reais	Total dos locutores	Percentagem da população	População total
Chinês		1 077 548,1	1 077 548,1	20,9	1 165 974,5
Inglês	137 591,7	456 328,3	593 920,0	11,5	1 818 816,8
Hindustani	48 386,8	363 927,3	412 314,1	8,0	954 167,2
Espanhol	3 309,5	380 075,3	311 385,3	6,0	317 685,8
Russo		285 077,9	285 077,9	5,5	285 077,9
Árabe		206 380,3	206 380,3	4,0	218 419,5
Bengali		177 609,1	177 609,1	3,4	948 429,8
Português	**2629,5**	**158 447,9**	**161 076,2**	**3,1**	**184 517,2**
Francês	42 759,1	88 658,3	131 417,4	2,5	308 110,1
Japonês		122 846,2	122 846,2	2,4	122 846,2
Malaio-indonésio	49 441,7	63 852,2	113 293,9	2,2	197 612,0
Alemão	88,8	88 997,6	89 086,4	1,7	101 547,0

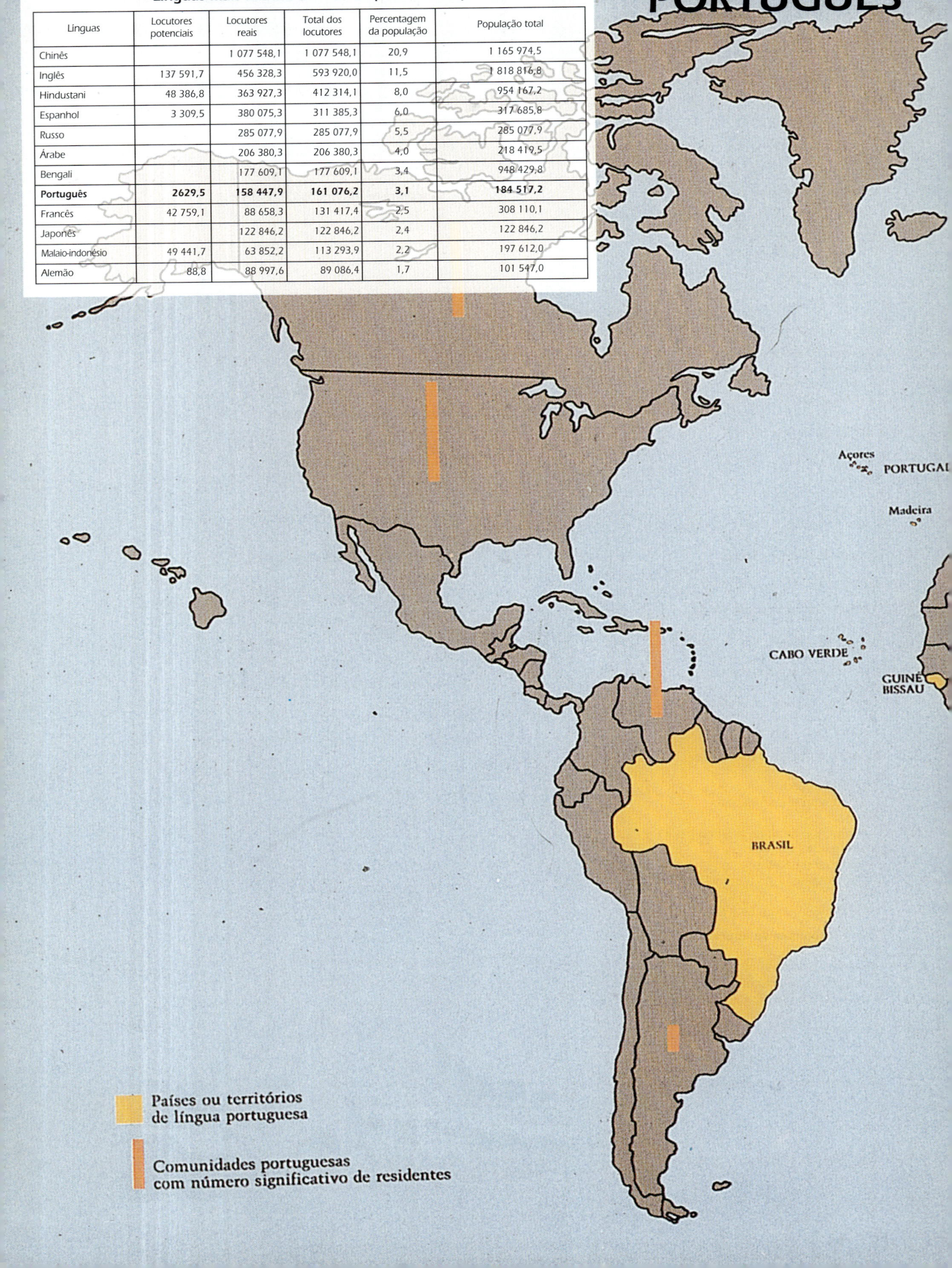

NO MUNDO

O Português no conjunto das línguas indo-europeias

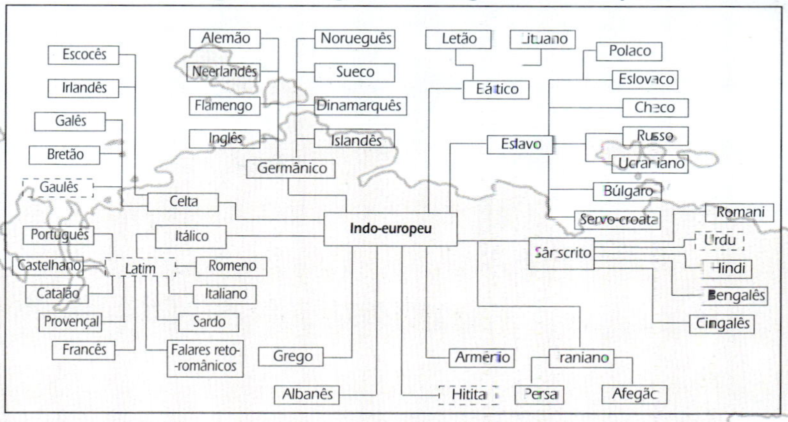

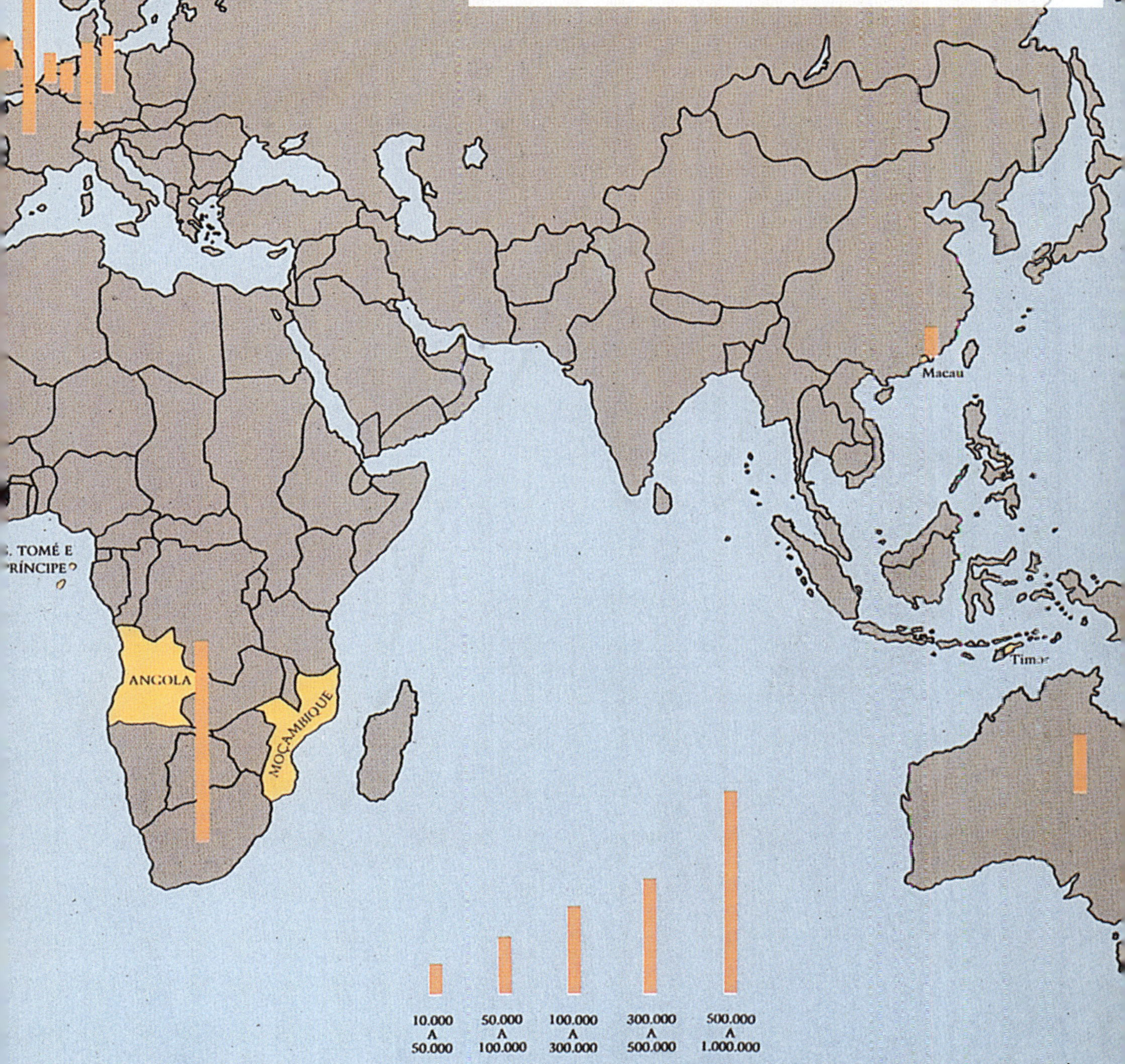

As Línguas no Mundo
Fonte: UNESCO

Descubra as línguas que conhece

e a língua portuguesa

Estas pessoas vão ser

Claude
Troadec,
francês,
de Paris
(1931-1993)

Martin
Wunsch,
alemão,
de Munique

Sterre
Haverkamp,
holandesa,
de Amsterdam

Daniela
Matos Silva,
portuguesa,
do Porto

Denis Volkov
russo,
de S. Petersburgo

estas personagens

VIRTVTIBVS
MAIORVM
VT SIT OMNIBVS DOCVMENTO P.P.D.

1

SOU ESTUDANTE DE PORTUGUÊS

Claude — Olá, bom-dia! Sou estudante de português no estrangeiro como vocês. Chamo-me Claude Bonamy. Estudo línguas no 1.° ano da Universidade e moro em Paris. Tenho vinte (20) anos e gosto muito de Portugal. Tenho amigos e família em Lisboa e no Porto.
Nas próximas férias grandes, penso visitar o interior do país e concorrer a uma bolsa de estudo no Verão. Não é uma boa ideia?

Questionário

Compreensão do texto

1. Leia o texto. Refaça-o, adaptando-o à sua própria situação.

2. Quem é o Claude?
Onde mora ele?
Quantos anos tem?
Qual é a nacionalidade dele?

3. Copie as perguntas e as respostas adequadas.

1. Como te chamas?	▪ Moro em Amiens, em Utreque, em Munique...
2. Onde moras?	▪ Estudo português, espanhol, inglês, francês, alemão, sueco, árabe, ...
3. Quantos anos tens?	▪ Chamo-me Eric, Martin, Stewart, Tahi-Lung...
4. O que fazes?	▪ Não, sou francês...
5. És belga?	▪ Sou, sou belga...
	▪ Tenho dezoito, dezanove, vinte, vinte e um, vinte e dois, vinte e cinco, trinta anos...

4. Aos pares (dois a dois) **pergunte e responda** a este questionário ao seu colega do lado.

Gramática

5. Preencha os espaços com os **verbos ser** (1.) e **ter** (2.).

1. O programa Erasmus ______ excelente. Todos os estudantes ______ estrangeiros. ______ uma experiência óptima.
— Tu _____ de Lisboa?
— Não, não _____.
— Mas vocês _____ portugueses, não são?
— Nós _____ estudantes de Português, mas não _____ portugueses.
— Eles é que _____.
— O Claude ____ muito simpático e você também ____.

2. — Tu_____ frio?
— Não! Não ______ frio, nem ______calor, nem ______ fome, nem ______ sede, e dinheiro... também não ______.
— Então _____ sorte!
— Ah, sim?! Porquê?
— Porque quem não _____ dinheiro não _____ vícios.
— Ah! Então as pessoas que ____ muito dinheiro, também ____ azar!
— E tu _______ a mania que _______ piada...
— E nós todos _______ de ter paciência.

Registe ainda as expressões: "ter pressa" quando não temos tempo e "ter dores" quando não temos saúde.

Conteúdos

fonéticos
– pronúncia do "**s**"
morfossintácticos
– verbos ser e ter (presente indicativo)
– estruturas interrogativas
intenção comunicativa
– Identificar-se oralmente e por escrito

6. Indique 6 nomes completos deste recorte da lista telefónica.

Dejing,Ye 238 Flores........................222 086 638
Dejing,Ye 116,6º-E Gonçalo Cristóv........................222 031 157
Dekor Cortinados e Decoração
223 Santª-L Balio........................229 023 665
DELAFORCE 23 Lg Joaq Mag-Vila N Gaia........................223 752 212
Delaforce,Alice Valerie
12,2º-E Dr Melo Leote........................226 101 907
Delaforce,David John
122,3º-E Consº Fonsª-V Paraíso........................227 111 413
Delaforce,Richard Andrew
486,3º-E Cp Alegre........................226 002 272
Delalande,Luís Mel C
339-T Pe José P Duarte-Maia........................229 412 741
Delbete-Cabeleireira e Estética Lda
1366 Freixo........................225 101 342
Delca,Otomano Hermes S
1061,6º-D Av D. Af Henrs-Matosin........................229 383 220
Delcom SA 44 Vale-Folgosa........................229 687 085
DELCOR 48 Colég Sardão-O Douro........................223 752 418
Delegação Aduaneira do Freixieiro
Freixieiro-O Douro........................229 999 680
Delegação Escolar de Gondomar
Rua S. Cosme-S.Cosme-Gondomar........................224 830 667
Delegação Regional da Direcção Geral
dos Assuntos Consulares
e Comunidades Portuguesas
147 Lg Soar Reis........................225 375 173
Delegação Regional do Norte
do Ministério da Economia
120 Dtª Viso........................226 192 000
Delegação Turismo Açores
163 Bonfim........................225 108 652

DELEGADO DE SAÚDE CONCELHIO DE MODIVAS
DELEGADO Igrª-Modivas........................229 272 024
CSM-Vairão
Marque........................252 662 650

DELEGADO DE SAÚDE CONCELHIO DE PAREDES
DELEGADO
Marque........................255 782 537
Idem........................255 782 318
CSP-BALTAR-Outeiro-Baltar........................224 151 669

DELEGADO DE SAÚDE CONCELHIO DE REBORDOSA
DELEGADO Aboim-Rebordosa........................224 112 266
CSR-Cristelo
Marque........................255 782 454
Delerue,José Antº 39 Pedro Ivo-R Tinto........................224 890 380
Delerue,Mª I Martins
2242-hab 21 Costa Cabral........................225 492 124
DELFIM
» Artur M Carvalho
353,1º-E França Jr-Matosin........................229 375 884
» Carlos
Lt 1-C,1º-D Urbaniz Encosta Douro-S.Cosme-
-Gondomar........................224 838 354
» Carlos A E Santo 635,3º-E Serralves........................226 163 968
» Ferreira Martins & Filho Lda
360 Estr D. Mig-Fânzeres........................224 221 955
João Villaret-Baguim Monte........................224 899 912
» Gomes Pinheiro Lda
119 Lg Igrª-Perafita........................229 950 285
» Gonçalves da Silva & Nelson Sousa
da Silva Pina
Ed Beira Mar - Marginal-Labruge........................229 284 730
» Horácio Pinto Nogueira Lda
100 Rosália Castro-S.Cosme-Gondomar........................224 643 956
Idem........................224 647 547
» José Ferreira & Filho Lda
34,1º-s-A Ramalho Ortig........................222 054 090
» Lima & Duarte Lda 539 Alegria........................225 370 917
» & Lopes-Comércio,Indústria
e Reparação de Automóveis
e Representações Lda
43 Rua Qt Cete-Srª Hora........................229 552 170
» Martins & Oliveira Lda
50 Pç Guilhe G Ferri........................222 002 938
» & Mesquita Lda Lg Estaç-V Pinheiro........................229 270 797
» Moreira & Etelvina Moreira Lda
22 Tv Carvalha-Fânzeres........................224 896 190
» Oliveira Azevedo Lda
Escr 369 Cegonheira-Vermoim........................229 448 083
Idem........................229 411 702
Telefax 369 Cegonheira-Vermoim........................229 413 990
Res Gerente 33,3º-D Cegonheira-Vermoim........................229 412 409
» Oliveira-Despachantes Oficiais Lda
3399/-403 Estr Nac 107-Freixieiro-Perafita........................229 961 800
» Oliveira & Filhos Lda
Centr Pinhº-Jovim........................224 540 208
» Pereira Aboinha-S.Cosme-Gondomar........................224 540 776
» Pereira Pinto & Filhos Lda
262 Ferraria-Alfena........................229 670 679
DELFIM QUEIRÓS-POLIMENTOS
480-Pav 5 Alto Bela-Alfena........................229 673 787

DELGADO
» Amadeu Assunção
117 Prof Câmara Sinval........................226 002 663
» Amélia Jesus
113,6º-E Urbaniz Vila Este-V Andorinho........................227 842 652
» Ana Gomes 486 Beco Brito-S.Félix Marinha........................227 329 788
» Ana Mª R T 305,3º-A Pç Pedra Verde........................226 189 528
» Ana S Guerra 638,1º-T Costa Cabral........................225 094 167
» Aníbal A Santos
618-c-A Estamparia Lavadores-Canidelo........................227 723 791
» Antónia J Fernandes
Bl L-Entr 2,3º-D Alam.Cedro-Vila N Gaia........................227 124 520
» Antº J Baptista
317 Av D. Mel II-Vermoim........................229 448 363
DELGADO,DR ANTÓNIO L A A PALHARES
Res 420 Antº Cardº........................226 009 910
Cons 250,1º Alfº Cunha-Matosin........................229 381 225
Cons 150,-2º Pctª Henr Morª-Afurada........................223 776 800
Cons 1679,1º-pt 1 Av Boav........................226 006 754
» Antº M Lopes
43,3º-E Dr Antº L Gom-Vila N Gaia........................223 753 194
» Antº M Neves
216,3º-D-T Cortinha-Vila N Gaia........................223 759 152
» Antº Mel 221 Ermida-S.Mam Infesta........................229 012 252
» Antº Mel B L
113,2º-E Doming Matos-Vila N Gaia........................227 113 259
» Antº Mel L
123,2º-D-F Dr Antº L Gom-Vila N Gaia........................223 700 670
» Antº Nogueira 31 Srª Agonia-St Mª Avioso........................229 810 973
» Benigno F Vasconcelos
64 Av Repúb-S.Félix Marinha........................227 620 606
DELGADO,DR BENIGNO SILVA
Cons 754,2º-E Boav........................226 005 938
Res 108,4º-D Aníb Cunha........................222 006 812
» Bruno F Silva
57,1º-E N.Srª Conceiç-O Douro........................223 758 085
» Cândº Veloso 51 Freixo-Sobrado........................224 114 494
» Carlos A Morais
461,2º-ha-b 2 St Antº Contumil........................225 025 789
» Catarina D Barroca
37,3º-E-T Centr Seixo-S.Mam Infesta........................229 533 745
» Catarina J Morais 30 Hortênsias........................228 329 068
» Arqt Cecília Mª N 98,2º-E Dq Loulé........................222 087 373
» Celeste Marques 876,1º Olivª Montº........................228 319 080
» Dr Cristina 296,10º/11º D. Mel II........................226 058 500
» Emília Joana 96,1º-E Alcaide Faria........................226 162 471
» Fernanda M Nunes
644- 25 Abril-Baguim Monte........................224 222 023
» Fernanda M Nunes
13 Pctª Camélias-S.Cosme-Gondomar........................224 633 507
» Fernanda Rocha
538- E-10-c 11 Dtª Francos........................226 063 924
» Filomena C Cruz
90-c 3 Part-Regadas-Vila N Gaia........................223 720 065
» Filomena Conceição
205 Olivª Barros-Vila N Gaia........................223 754 040
» Francº Antº 121 Agras-Guifões........................229 513 749
» Francº Augº G 150 Macau-Vermoim........................229 411 743
» Francº Carlos 48,-2º-E Lg 3 Fevº........................226 180 337
» Eng Francº M Trigo 2430,1º Av Boav........................226 175 853
» & Grunenfelder-Representações
de Moda Lda 60 Constit........................225 093 486
» Helena Inácio 228 Alcânt........................225 096 901
» Helena Mª S M 94 Antº Cândº........................225 023 255
» Jacinta Costa 61 Rolas........................228 310 649
» João M P Quesado
219,3º-ha-b 3 Fonsª Cardº........................223 323 266
» João M P Quesado
527,1º- hab 5 Camões........................222 084 129
» João Mel C R 137,8º-E Simão Bolívar-Maia........................229 489 100
» Arqt João P F A Pereira
Lt 5,2º-B Zona Resid N Prelada........................228 311 410
» Dr João Paulo F
205,6º-D-T José Rocha-Vila N Gaia........................223 701 616
» João Teixeira 85-r/c Covas-S.Mam Infesta........................229 023 145
» Joaq Afonso S
655,-4º-hab 4,10 Mouz Albuq-Matosin........................229 387 915
» Joaq Costa
87,2º-E Guilhe Felgueiras-Matosin........................229 388 294
» Joaq Fernº P
67,1º-D Part-Regadas-Vila N Gaia........................223 793 603
» Joaq Oliveira Ed 2-Entr 95-c-12 Cid Vigo........................228 321 430
» Jorge Mel O 21 Conceiç Fern-Vila N Gaia........................223 758 383
» Jorge Mel T 22 Tv Mte Lapa........................225 023 584
» José A Esteves
3º-D Banda M Gueifães-Gueifães........................229 486 212
» José Augº 14,1º-C Camilo Pessanha........................225 365 561
» José Baptista 297 Fundevila-Matosin........................229 373 949
» Eng José Carlos F
373,1º-D S. Tomé Princ-Vila N Gaia........................223 745 360
Idem........................223 745 040
Idem........................223 745 060
» José F Alves 44,2º-D-N Xisto-Vermoim........................229 444 368
» José Izquierdo Qt Rosas--Vandoma........................224 155 625
» Dr José Luís 43,2º-s 21 Pied........................226 090 767
» Eng José M Silva
208-A,4º-D 4 Caminhos-Canidelo........................227 812 906
» José M Veloso
842 S. João Sobrado-Sobrado........................224 150 158
» José Mel 103,2º Pç Dr Francº S Camº........................225 096 411
» José Mª 285 Pedr Novais-L Palmeira........................229 958 086
» Josefa Fátima

Abreviaturas de nomes:

Albt.º = Alberto
Alf.º = Alfredo
Aníb. = Aníbal
Álv.º = Álvaro
Ant.º = António
Aug.º = Augusto
Când.º = Cândido
Ed.º = Eduardo
Fern.º = Fernando
Franc.º = Francisco
Joaq. = Joaquim
M.ª = Maria
M.el = Manuel

Ler por prazer

Atenção à pronúncia!

I.

Quem espera, desespera.
Apanha-se mais depressa um mentiroso do que um coxo.

Provérbios populares

II.

Era uma vez
um caso cortês
em que um rei leonês
casou a princesa Teresa,
também leonesa,
com um conde francês,
de nome Henrique
e que era bem chique
e pai do rei português.
E no belo castelo
perto da bela Castela
jogava às damas
e também ao xadrês.

Nasce Afonso Henriques
(Não ler Henriquez,
porque é português.)
Uma data, talvez!?
Mil cento e quarenta e três!
E depois dele quantos reis?
Sabem, sabeis?
Trinta e três!
Para rimar com cortês.

E até à quarta dinastia
dura a nossa monarquia
e o reino de Portugal,
um belo, imenso areal,
totalmente a ocidente
da Europa ocidental.

M. Fátima Braga de Matos

III.

São cinco letras apenas: Pedro é o meu nome.
Daí o rumo da minha sorte
O meu nome é Pedro
Que triste nome!
Tem tantas letras aquele nome
como a palavra triste da morte.

Pedro Homem de Mello

IV.

Não és tu, não sou eu, não é ninguém.
Despojados de nome e de pronome,
somos apenas crime e somos lei,
flexão de um verbo conjugado à noite
quando o terror de ser nos arrebata (...)

David Mourão-Ferreira

= difícil

7. Sublinhe as expressões equivalentes nesta poesia antiga e na banda desenhada de Quino em que o tema é comum: identidade.

Seis coisas sempre vê,
quando falares te mando;
de quem falas, onde e quê,
e a quem, como e quando.
(...)

D. João Manuel, *Regras para viver em paz*

PORTUG-02

8. **Escreva** as respostas adequadas às perguntas:

Quino

9. Preencha o formulário divulgado pelo Parlamento Europeu.

PARLAMENTO EUROPEU

Secretariado-Geral
Serviço de Recrutamento

L-2929 Luxemburgo

Concurso geral nº PE/54/A	
Chefe de planeamento	
Realizador de televisão	
Marcar com X o(s) cargo(s) escolhido(s)	

ACTO DE CANDIDATURA

(preencher à máquina ou em letra de imprensa, com tinta preta)

1. Apelido ('): .... Nomes próprios (sublinhar o nome próprio habitual): ....

2. Endereço:
(assinalar qualquer mudança de endereço)
Rua: .... Nº: ....
Nº tel. (com prefixo):
Domicílio: ....
Emprego: ....
Código postal: .... Localidade: .... País: ....

3. Data e local de nascimento: ....

4. Nacionalidade actual (em caso de dupla nacionalidade, indicar ambas):
....

5. Pretende solicitar uma derrogação das condições relativas ao limite de idade? ☐ Sim ☐ Não
Em caso afirmativo, especificar o motivo e o período (datas exactas) e juntar os documentos comprovativos exigidos no aviso de concurso ou de recrutamento.
☐ Cuidar de um ou mais filhos com menos de 16 anos, de .... a ....
☐ Serviço militar obrigatório ou outro, de .... a ....
☐ Deficiência física
☐ Funcionário ou agente das Comunidades Europeias, de .... a ....
Indicar o nome da instituição: ....
Vínculo estatutário: funcionário/agente temporário/auxiliar/local: ....

6. Sexo: ☐ Masculino ☐ Feminino

7. Estado civil: ☐ Solteiro(a) ☐ Casado(a) ☐ Viúvo(a) ☐ Divorciado(a) ☐ Separado(a)

8. a) Filhos a cargo:

1	2	3	4	5
....	....	....	....	....

(indicar as datas de nascimento)

b) Outras pessoas a cargo: ....

9. Actividade profissional do cônjuge: ....

10. Conhecimentos linguísticos:
a) Língua principal (comunitária): ....
b) Outras línguas:

	alemão	inglês	dinamarquês	espanhol	francês	grego	italiano	neerlandês	português	outras (a especificar)
Muito bem										
Bem										
Sofrível										

2

Ponto da situação

O Claude ____ estudante de ____ no estrangeiro. Ele ____ vinte ____, mora em ____ e ____ amigos em Portugal. Gosta do mar e da praia...

___ = uma palavra

ADORO O MAR E A PRAIA...

Gosto muito de línguas e de viajar. Além de português, falo francês, inglês, espanhol e um pouco de italiano. Tenho vários correspondentes: um primo alemão, o Martin, umas amigas holandesas, a Sterre e a Astrid, e também um amigo russo, o Denis. Todos escrevem e falam português optimamente.
É verdade, tenho de escrever à Sterre!
Falamos dos nossos gostos e interesses. Adoro estar em férias, o mar, a praia. Gosto de fazer surf, de ler e de ouvir música clássica. De pintura também. Acho o meu cão uma maravilha. Chama-se Esperanto porque fala uma língua internacional. Não gosto muito de televisão e detesto futebol. De fado, gosto mais ou menos.

Questionário

Compreensão do texto

1. Que línguas fala o Claude? E você, que línguas fala?
2. Quem são os correspondentes do Claude?
3. De que nacionalidade são eles?
4. Quais são as preferências do Claude? E as suas?
5. Como se chama o cão do Claude? Porquê?
6. E você também gosta de animais? Tem animais em casa?
7. O Claude detesta futebol. E você, de que não gosta?

Gramática

8. Identifique os determinantes **artigos definidos** (por exemplo, antes dos nomes próprios) e os determinantes **artigos indefinidos**.

9. Conclua quais são as regras gerais de formação do **plural** e do **feminino**. (Consulte o apêndice gramatical, págs. 141 a 143).

10. Repare na **forma negativa** e complete:
Ele não fala português. Ele ______ gosta de televisão.
Não estacionar. ______ virar à esquerda. ______ pisar a relva.
______ fumar. Se conduzir, não beba.

11. Ponha no feminino (1.) e no masculino (2. e 3.)

1. Ele é tão alto!
O filho do jardineiro é muito simpático.
2. A nossa gata é giríssima.
A vossa tia é engenheira?
3. Mas, atenção! Consulte o apêndice gramatical.
A professora é pintora amadora.
Ela é uma excelente pianista.
Ela é uma grande artista.

Conteúdos

fonéticos
- pronúncia do "r"

morfossintácticos
- verbos em -ar (pres. ind.)
- género
- número
- determinantes artigos definidos e indefinidos
- tipos de frase

intenção comunicativa
- preferências: exprimir (des)agrado

12. *Ser ou não ser, eis a questão.*

Preencha com os **verbos** adequados da **1.ª conjugação** (em -ar) + o verbo ser págs. 157 e 160):

(adorar) A Luísa _______ comer; é gorda.

(detestar) Tu e eu ____________ cartas; não ____________ jogadores.

(comprar) Vocês não ________ muitas coisas; não _____ consumistas.

(pintar) O Pedro ______ quadros; ___ pintor.

(cantar) Eu ______ mal; não ____ cantor.

(falar) Você _____ duas línguas; ___ bilingue?

(ensinar) Eles ________ Matemática; ____ professores.

(viajar) Tu _______ muito; ____ agente de viagens.

(gostar) Nós _________ de ténis; ______ tenistas.

13. Escreva no **plural** (1.) e no **singular** (2.) e preste atenção à pronúncia do **r** e do **s**.

1. Este carro é caro.
   O vestido é bonito, não é?
2. Estas raparigas são minhas alunas.
   Nós temos muitos amigos.
   Nós temos vários correspondentes: uns holandeses, uns espanhóis e umas inglesas.

14. Faça corresponder as palavras às imagens.

- Falando dos seus próprios gostos e inspirando-se no vocabulário e nas imagens a seguir, faça dez frases:
  - nas formas afirmativa, negativa, interrogativa, nas diferentes pessoas verbais;
  - utilizando os verbos: gostar (de), adorar, apreciar, detestar, praticar, jogar, andar (de), passear.

Ler por prazer

Atenção à pronúncia!

Querer é poder.

Um por todos, todos por um.

Em tempo de guerra não se limpam armas.

O rato roeu a roupa do rei da Rússia e o rei, com a raiva, rasgou o resto da roupa.

Tradição popular

Cultura

Golfe

Amor!

Rádio

VIAJAR

ESPECTÁCULOS

FICÇÃO

Literatura

Comunicar

BD

LER

KARATÉ

CINEMA

TOUROS

3

Ponto da situação

O Claude é estudante de Português e fala cinco línguas. Gosta muito do mar, da ______ , de ______ clássica, do ______ que se chama ______ . Adora viajar e tem ______ correspondentes. Agora vai escrever à Sterre.

___ = uma palavra

QUERES VIR CÁ PASSAR AS FÉRIAS DO NATAL?

Paris, 25 de Outubro de 2000

Caríssima Sterre:

Olá, como estás ? Eu estou óptimo, sobretudo por causa dos feriados do dia 1 (um) e 11 (onze) de Novembro.

A propósito, quero convidar-te a passares cá o fim-de-semana prolongado do Dia de Todos os Santos, ou, então, uma semana de férias em Dezembro, depois do Natal. Vêm cá a Marta e o irmão, o João, desde o dia 26 (vinte e seis) de Dezembro até ao dia 1 (um) de Janeiro. São uns cantores muito simpáticos, e dão um concerto de Natal na Cidade Universitária.

Como os meus pais não estão cá, porque vão passar o Ano Novo à Alemanha, há lugar para todos cá em casa, mesmo com o cão. Responde depressa e... não digas que não. Até breve!

Um abraço,
Claude

P. S. Conheces também a expressão xi-coração?

Questionário

Compreensão do texto

1. Qual o objectivo do Claude ao escrever esta carta?

2. Como é que ele se sente? Porquê?

3. Quando é que a Marta e o João vão visitar o Claude? Por que razão?

4. Onde é que você costuma passar o Natal? E o Ano Novo?

5. Escreva um postal a um amigo convidando-o a passar um fim-de-semana na montanha.

6. Faça as perguntas para as seguintes respostas:
R : O Claude escreve no dia 25 de Outubro.
R : O Claude está em Paris.
R : Os plurais dessas palavras são: mãos, pães e soluções.

Gramática

6. Há várias **preposições** no texto. Tente identificá-las. Estude as contracções no apêndice gramatical (capítulo Determinantes).

7. Escreva 6 frases com um elemento de cada coluna. Os advérbios não e nunca são facultativos.

O João e a Marta			passear.
Eles		são	uma festa.
	não	estão (em/de)	erros!
Vocês			férias?
	nunca	dão	casa.
Os professores		vão (a/para)	cantar.
Tu e ela			aulas?
Alguns amigos			estudantes.

Conteúdos

fonéticos
– pronúncia do -**ão**

morfossintácticos
– preposições (sensibilização)
– plurais irregulares
– 3.ª pes. plural dos verbos ser, estar, dar, ir

lexicais
– meses, estações

intenção comunicativa
– localizar no tempo
– convidar por escrito

8. **Plurais irregulares.** Difícil! Consulte o apêndice gramatical.

Ponha no plural as seguintes frases:

Um ladrão roubou (roubaram) um milhão de contos na secção de exportação de uma empresa.
O teu irmão comprou (compraram) pão, melão e ananás para o jantar.
Tenho um bom amigo alemão que tem uma função especial no sector da comunicação.
Costumo passar o Natal e o Carnaval em casa de um amigo.

Ler por prazer

Atenção à pronúncia!

I.

O chão e o pão.
O chão,
O grão.
O grão, no chão

O pão na mão.
O pão no chão?
Não.

O pão,
O pão e a mão.
A mão no pão.

Cecília Meireles, *Ou isto ou aquilo*

II.

Não quero, não quero não
Ser soldado nem capitão (...)
Não quero muito do mundo
Quero saber-lhe a razão
Sentir-me dono de mim
Ao resto dizer que não.

Eugénio de Andrade, *Aquela nuvem e outras*

III.

Cão que ladra não morde.

Grão a grão enche a galinha o papo.

Mais vale tarde do que nunca.

Quem cedo se deita e tarde se levanta, pouco aprende.

Provérbios populares

Arcimboldo, As quatro estações

Inverno

Primavera

IV. Sem preocupações de sentido, cada aluno **lê** um verso e depois copia os nomes dos meses do ano. Vocabulário importante: chover, nascer, crescer.

Janeiro gear
Fevereiro *chover*
Março repesar
Abril espigar
Maio engrandecer
Junho ceifar
Julho debulhar
Agosto adubar
Setembro vindimar
Outubro revolver
Novembro semear
Dezembro *nascer* —
Depois do menino nascer
é tudo a *crescer*.

Recolha de provérbios populares, Fund. Calouste Gulbenkian, Serviço ACARTE

V.

Passou o Outono já, já torna o frio
Outono de seu riso magoado
Álgido inverno, oblíquo o sol, gelado
O sol, e as águas límpidas do rio.

Camilo Pessanha, *Clepsidra*

VI. Os quatro autores que simbolizam as quatro estações da Europa:
Homero, a Primavera; Dante, o Verão; Shakespeare, o Outono; Tolstoi, o Inverno.

David Mourão-Ferreira

Verão

Outono

4

Ponto da situação

(...) O Claude que (...), gosta ______ ____ línguas e tem vários ______ , entre os quais a Sterre, uma amiga holandesa. Ele escreve-lhe uma carta a convidá-la a ____ uns ____ ____ férias ____ Paris, ____ casa dele. Agora vai ao correio.

___ = uma palavra
.... = várias palavras

Atenção à pronúncia!

dou ≠ do
sou ≠ só
carrinho ≠ carinho
carro ≠ caro
cão ≠ com
moro ≠ morro
para ≠ pára

CARRO ROUBADO
80-97-DG – FIAT UNO TDS
COR: VERMELHO
GRATIFICA-SE A QUEM INDICAR O SEU PARADEIRO PARA "LA EQUITATIVE"

Conteúdos

fonéticos
– pronúncia de "**ou**"
morfossintáticos
– verbos dar, estar, ser, ir (1.ª pessoa)
– preposições, advérbios e locuções prepositivas
intenção comunicativa
– localizar no espaço
– exprimir-se em pequenas compras

ONDE ESTÁ O MEU CARRINHO?

O Claude vai pôr a carta  no correio para a Sterre. Como é só um minutinho, pára o carro  em frente ao correio que, por acaso, é junto da Polícia. Mas deixa as chaves  dentro do carro. Sai pela porta do lado direito porque não tem espaço para sair pelo lado esquerdo e fecha tudo por dentro.
Claude – Estou com pouca sorte..., meu Deus, e... agora?! E eu cá fora! Que vou fazer?
Vou de novo ao Correio, desta vez, telefonar para casa. Preciso da outra chave que está em cima da secretária, talvez debaixo dos livros... ou não!? Está dentro da primeira gaveta ou... na última... ou... ou... mas.... mas agora não está o carro!!! Não é possível, um roubo?! Ai, onde está o meu carrinho?

Qual é a solução?
A Polícia... um ladrão ou... simplesmente a imaginação...?
Na lição seguinte, vão ver a solução.
Resposta: a Polícia sem contemplação ou um ladrão com imaginação.

Questionário

Compreensão do texto

1. Ponha as seguintes frases por ordem, de acordo com o texto.
Vai telefonar para casa.
Fecha o carro todo.
O carro desaparece.
O carro fica mal estacionado diante do Correio.
O Claude vai ao Correio enviar uma carta.
Deixa as chaves no motor.
Não sabe onde é que tem as outras chaves.

2. Faça três perguntas para as três últimas frases do exercício anterior.

3. **Sou**? (verbo ser) **Vou**? (verbo ir) **Estou**? (verbo estar) **Dou**? (verbo dar).

1. Corrija a frase, pondo as formas certas no lugar certo:
Vou professor de português e sou em férias grandes.
Depois, estou aulas e dou a trabalhar.
2. Leia a frase correcta, prestando atenção à pronúncia do ditongo "ou".

Gramática

4. **Preposições** (Pág. 155 do Apêndice Gramatical).

1. Indique os antónimos de:
   com   dentro de   diante de   atrás   debaixo   perto   ao lado esquerdo.

2. Observe a imagem e de acordo com ela preencha os espaços, com preposições e expressões de lugar.

   Onde está o Wally?
   Eh, Wally! Cuidado _______ a mota, aí ao _______ esquerdo. O Wally está no _______ da rua e _______ lua também! _______ meio da praça, há uma fonte circular _______ nove pessoas _______ volta vendo um banhista divertidíssimo em _______ da água. _______ da fonte, há um acidente de um automóvel _______ uma camioneta.
   A camioneta está _______ _______ de uma livraria que fica ao _______ de um cabeleireiro eficientíssimo que fica _______ _______ do café que fica _______ esquina. Em _______ _______ café, há uma estátua _______ um guerreiro assassino de pneus. Reparem no pneu da _______ , da _______.
   E o Wally? Continua _______ nuvens.

3. Exercícios de ginástica na gramática:
Preencha os espaços com preposições e expressões de lugar.

Um, dois, um, dois,	peito _____ fora,
_____ cima,	barriga _____ _____,
para _____,	língua de _____,
_____ esquerda,	língua para ______,
à _________	um, dois, um, dois...

4. Dentro da  casa está uma  gaiola.

_______ da  está  um ninho.

_______ do  está  um ovinho.

_______ ___  está  um passarinho.

Piu, piu, piu.

5. Você vai com um grupo de amigos à ópera. O espectáculo é muito bom, a sala está quase cheia, e vocês são dez. Por isso, vão ficar aos pares em cinco locais diferentes. **Escreva** o diálogo entre você e a senhora da bilheteira que lhe explica essa distribuição.

6. **Simulação/jeu de rôle/sketch** (consulte os «Actos de fala» no fim do livro)

Faça um diálogo oral entre duas personagens:
A senhora da bilheteira e você, o espectador, que quer ir ao teatro com uma amiga.
A peça é em português que você não compreende muito bem e portanto quer lugares bem localizados. Além disso, o seu bilhete de estudante permite-lhe 50% (cinquenta por cento) de redução.
Pode inventar um nome para a peça, o dia em que vai vê-la e o custo dos bilhetes.

Ler por prazer

I. Eu queria andar
lá em cima,
nas nuvens,
com as nuvens,
pelas nuvens,
para as nuvens.

Cecília Meireles (brasileira), *Quadrante I*

7. Sublinhe as preposições e contracções.
Substitua a palavra «nuvens» por «ondas» e faça as transformações necessárias em todos os versos. Não se esqueça que os peixes não andam...

TELEFONE

Ponto da situação

O Claude escreve à Sterre a convidá-la para passar .... Mas há uma complicação: quando ele vai ao .... a Sterre, ____ as chaves ____ ____ carro e o carro ____ . Fica desolado.

___ = uma palavra
..... = várias palavras

CHEGO NO DIA 26, QUINTA-FEIRA, ÀS 12H37

Agora, o Claude não tem outra solução: andar a pé! Onde está o seu carro que agora tem asas e voa? Anda desolado mas, para o consolar, ali está a voz amiga da Sterre, ao telefone.
— Trrrim... trriim.
Sterre — Estou... Bom-dia, o Claude está, por favor?
Claude — Sou eu! Olá, Sterre, bom-dia! Estás boa? É bom ouvir-te.
Sterre — Eu estou óptima. Vou falar depressa porque estou numa cabina. Sabes, aceito o teu convite! Estou muito contente porque vou visitar-te depois do Natal. Regresso antes das aulas começarem, mas quero passar aí o Ano Novo. Vou ficar aí nove dias.
Claude — Que bom! Quando vens? E quem vem contigo?
Sterre — Vou sozinha e chego no dia 26, segunda-feira, pelo meio-dia e meia, mais precisamente às doze horas e trinta e sete minutos. Vais buscar-me à estação, no teu carro?

Questionário

Compreensão do texto

1. Imagine que você é o Claude. Faça um pequeno texto para responder à Sterre, falando ao telefone.

2. Complete de acordo com o texto:
O Claude está muito aborrecido porque ____________ sabe onde ______________ carro.
Mas a Sterre ______________________ porque ________________
____ nove dias.

3. Preencha a folha da agenda com cinco compromissos possíveis do Claude. Como tem umas pequenas férias, aproveita o tempo para fazer desporto, fazer compras, tratar da casa, ir ao médico e ir à Polícia saber do carro.

Segunda-feira / Lundi / Monday / Lunes — 21 — NOV. NOV. NOV. NOV.	Terça-feira / Mardi / Tuesday / Martes — 22 — NOV. NOV. NOV. NOV.	Quarta-feira / Mercredi / Wednesday / Miércoles — 23 — NOV. NOV. NOV. NOV.
9 h		
10 h		
11 h		
12 h *almoço*		
14 h		
15 h		
16 h		
17 h		
18 h *jantar*		

Conteúdos

fonéticos
- pronúncia do "**eu**"
- leitura – síntese

morfossintácticos
- v. ser ≠ v. estar
- verbos **ir** e **vir** (pres. ind.)

lexicais
- numerais
- dias da semana e horas
- meios de transporte

intenção comunicativa
- dizer as horas
- planificar o dia/uma viagem

PORTUG-03

Centro Georges Pompidou – Paris
Foto: F. Matos

4. "Carpe diem"! Aproveite o tempo! Repare na fotografia do relógio do Centre Georges Pompidou, em Paris, e diga quantos segundos faltavam para o ano 2000. Consulte a rubrica **numerais** no apêndice gramatical.

5. E agora, neste momento, quantos anos, meses, dias, horas, minutos e/ou segundos passam desde o dia 1 de Janeiro do ano 2000?

6. Escreva por extenso as seguintes **horas** e complete o exercício logicamente:

Meio-dia (12 h)	7 h	menos	25 m
1 h e 5 m	____	____	20 m
2 h e 10 m	____	____	____
3 h e 15 m (um quarto)	10 h	____	____
4 h ____ 20 m			5 m
5 h e ____	____	____	
6 h ____ ____ (meia)	meia noite		

Conhece esta mini-história de terror? "Meia-noite! Hora de crime. Uma mulher com uma faca na mão... deita manteiga no pão. Assinado: Witch cock."

7. Que horas são nestes relógios que estão no aeroporto de Lisboa?

Eureka! Aqui está o carro do Claude, desaparecido na lição 4.

Gramática e vocabulário

8. Verbos **ser** e **estar**.

1. Sublinhe as formas do verbo **estar** e **ser** no texto da unidade 5 (pág. 33).
2. Preencha com os verbos **ser** ou **estar**.
   Sem o seu carro, o Claude está desolado, mas habitualmente é muito alegre. A Sterre _____ e ______ especialmente feliz. Agora _________ juntos em Paris e _________ contentes.
   O clima de Lisboa _______ agradável, mas esta semana _______ mau tempo.
   A Sterre e a Shalome _____ minhas amigas; elas _____ holandesas mas agora ______ em Itália.
   O mar Mediterrâneo _____ calmo e muito azul mas _____ poluído.
   Eu ______ superactivo, mas ______ bastante cansado.
   Tu _____ muito bonita, mas assim vestida ainda ______ mais bonita.
   Os alunos ______ muito confusos com este exercício que não _____ fácil para os estrangeiros, mas o emprego do verbo ser ____ muito diferente do emprego do verbo estar.

9. Verbos **ir** e **vir**.

1. Sublinhe no texto da unidade 5 as formas dos verbos ir e vir.
2. Preencha com os verbos **ir** e **vir** + preposição **de** + **transporte** + adjectivos adequados:
   O Claude não vai de carro buscar a Sterre —> é impossível.
   A Sterre vem de **comboio** —> é **rápido e seguro**.

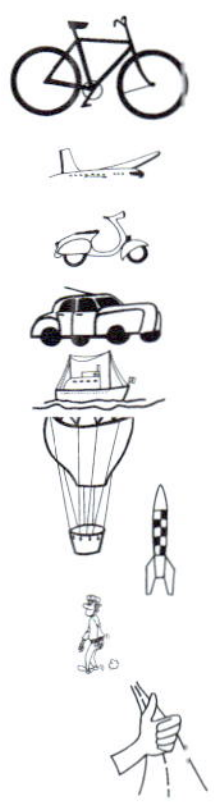

Eu _____ ____ bicicleta —> é agradável e económico
Tu______ ____ avião —> é ____________e cómodo.
Você _____ ____ ______—> é prático mas perigoso.
A gente _____ _____ ______—> é _______ e ________.
Nós ______ ____ ______ —> é divertido mas ______.
Vocês _____ __ ______ —> é romântico e excitante.
O John e o Petrov _____ ____ _______ —> é ultra-rápido e _______.
As minhas amigas _____ a pé —> é _____________ mas cansativo.
O Sr. Passos Dias Aguiar Mota _____ à boleia —> é imprevisto e ________.
As bruxas vão de vassoura Mercedes —> é divertido e ecológico.

10. Meios de transporte. Responda com frases completas.

1. Indique como vai de sua casa até à universidade.
2. Como é que Philleas Fogg, personagem de Júlio Verne, deu a volta ao mundo?
3. Como é que Neil Armstrong chegou à Lua?
4. Como é que os bebés vêm de Paris?

11. **Expressão escrita:** Escreva um pequeno texto do seu diário em que você refere:

- o(s) destino(s) da sua lua-de-mel;
- o(s) meio(s) de transporte;
- a duração e época da sua viagem;
- pode começar o texto por: «Gostava...».

Ler por prazer

I. Devagar se vai ao longe.

Deitar cedo e cedo erguer dá saúde e faz crescer.

Provérbios populares

II. Poema dos Dias da Semana

Terça-feira
quarta-feira
quinta
sexta
tanto faz
Desta ou doutra maneira
Domingo ou segunda-feira
Nenhuma esperança me traz (...)

António Gedeão, *Chuva na Areia*

12. Dias da semana

1. Qual é o dia da semana que falta no poema?
2. Quais são o seu mês e o seu dia de semana preferidos? Porquê?
3. Quando é que faz anos (qual é o dia do seu aniversário)?

III. O Gato Malhado

O Gato Malhado, quando era jovem, apaixonava-se todas as semanas, em geral às terças-feiras e desapaixonava-se às sextas, pois era um gato preguiçoso e tirava o sábado, o domingo e a segunda para descansar.

Jorge Amado, *O Gato Malhado e Andorinha Sinhá, Uma História de Amor*

Aguarelas de Carybé

13.

1. Da lista seguinte, escolha três adjectivos adequados à personalidade do Gato Malhado: preocupado, sedutor, fiel, trabalhador, inconstante, volúvel.
2. Escreva os antónimos dos 4 adjectivos sublinhados.
3. **Escreva** ou **improvise** um pequeno texto do Gato Malhado à Andorinha Sinhá ou vice-versa.

Exercícios de leitura – UTILIZE A CASSETE!

A – Repita com ritmo e de forma expressiva:

1. Sim, sim!	2. Não, não!	3. Vou, vou.
4. Trrim! Quem é?	5. Está? Quem fala?	6. Estás bom?
7. Olá, viva!	8. Dó, ré, mi, fá, sol, lá, si.	9. Que bom!
10. Ping-ping	11. Ping-pong	12. Truz-truz.
13. Claro que quero!	14. O quê?! Que horror!	15. Que giro.
16. Cuidado!	17. Obrigadinho.	18. Se faz favor!
19. Bom-dia.	20. Até logo!	21. Adeus, até amanhã!

B – Leia as seguintes frases, prestando especial atenção às palavras sublinhadas:

1 – O teu carro foi muito caro?

2 – Se vais para casa, pára na tabacaria para comprares o jornal.

3 – O gosto que eu gosto.

4 – Os meus pais nasceram noutro país.

5 – É uma zona do país onde há bom peixe.

6 – Claro que pôr e por não são a mesma palavra e muro e moro também não.

C – Leia, prestando atenção aos diferentes valores de x:

1. Na sexta-feira, há uma reunião dos executivos do Parque das Nações.

2. Ele trouxe um exemplar do catálogo das exportações.

3. O Xavier e o Alexandre tiveram uma excelente nota no exercício, mas o Félix ficou chateado por ter chumbado no exame.

4. Mil coisas trouxe da China
bem curiosas. Por exemplo:
excelente chá de luxo,
chapéus roxos, seda fina.

Jacinto Rodrigues, «Exercícios de dicção»

6

Ponto da situação

(...) A Sterre ________________
_____ Claude para combinar a ida a Paris e ________ para ele _______ buscá-la à ________ ______ carro. Ela vai ______ nove dias em ______ do Claude que agora vive ________ belo sítio.

___ = uma palavra

VIVER NUM BELO SÍTIO

Enquanto a Sterre não vem e depois da história do carro, o Claude anda satisfeito com um apartamento girissimo onde agora mora, perto da Cidade Universitária e ao lado da estação de metro. Tem dois níveis: em baixo, ficam a sala, o escritório e a cozinha; em cima, ficam os quartos e a casa de banho.
Em frente, há o parque da Cidade Universitária que é enorme e onde há cerca de cinquenta residências de muitos países. A maior parte tem características próprias desses países, algumas são de arquitectos célebres, como a casa da Suíça e do Brasil, que são de Le Corbusier. É muito prático porque, dentro do parque, há teatros, piscina, biblioteca, correio, banco e até hospital. E, claro, há também muitos estrangeiros para o Claude conhecer e com quem falar.

Questionário

Compreensão do texto

1. Qual é o estado de espírito do Claude actualmente?
2. Descreva o apartamento do Claude.
3. Quais as vantagens da sua localização?
4. Indique as características da Cidade Universitária.
5. Descreva o local onde você reside, a um comprador, indicando a distância da sua casa relativamente aos serviços públicos.
6. Quem mora onde?
Numa residência universitária, seis estudantes de nacionalidades diferentes ocupam apartamentos diferentes. Onde mora cada um deles?

	Direito-tras.	Esquerdo-tras.	Dir.-frente	Esq.-frente
Rés-do-chão (r/c)		Courtois	Hô-Ling	
1.º andar	Fernandez			
2.º andar		Wunsch		Silva
3.º andar			Smith	

a) A Thérèse Courtois, francesa, mora no r/c , ________ - ________.
b) __________ , japonês, mora no __________, direito -__________.
c) __________ , __________, mora no 1.º andar, ________ - ________.
d) O João Silva, __________, mora no _____, ________ - ________.
e) O Martin Wunsch ______________________________.
f) ______________________________________.

Conteúdos

morfossintácticos
– advérbios de lugar e locuções prepositivas (cont.)
– formação do superlativo
lexicais
– divisões da casa
– serviços públicos
intenção comunicativa
– localizar a casa
– descrever o exterior da casa

Casa da ilha da Madeira.

7. Conhece o jogo do "frio... frio... quente... quente"? Quando se está longe ou perto da solução de uma adivinha, diz-se respectivamente a primeira ou a segunda expressão.

1. O que há no meio do mar, além das ilhas, dos peixes, etc.?
2. O que há no meio do céu, além das nuvens, das aves , etc.?
3. O que há no fim da perna, além do pé?
4. O que há no fim do mês, além do salário?
5. Procura a solução onze páginas à frente, ao meio, à esquerda, ao contrário.

Casa em Óbidos.

Gramática

8. **Superlativo absoluto simples:** é muito expressivo e característico do Português. Consulte a rubrica «Graus dos adjectivos». (Pág. 144) Forme os superlativos seguintes com o advérbio **muito** e o sufixo -**íssimo**, o que é equivalente.

1. O estúdio é muito giro: é giríssimo.
2. A casa do Claude é muito perto: é __________ .
3. O menu deste restaurante é ________ variado: é ________ .
4. As estrelas estão________ longe: estão ____________.
5. O tio Patinhas é _______ rico: é ____________.
6. Os Ferrari são __________ caros: são ____________ .
7. Estes saldos são ________ baratos: são ____________.
8. O Claude estava _________ desconsolado: estava ____________.
9. Este livro, "muito português", chama-se ______________.
   Mas atenção:
10. O superlativo é _________ fácil: é facílimo.
11. A conjugação é muito difícil: é __________.
12. O apartamento é muito agradável; é agradabilíssimo.
13. A casa é ________ confortável: é ___________ .

Torre de Belém.

9. **Simulação/jeu de rôle/sketch** (consulte os «Actos de fala», pag. 134)

É uma casa portuguesa com certeza.

Em qual destas casas gostaria de passar férias?
Escolha uma casa:

pequena ou grande/alta ou baixa/escura ou iluminada/fria ou quente/cheia ou espaçosa/moderna ou antiga/triangular/rectangular/redonda/na praia/na cidade/no campo/na montanha/em pedra/em madeira/com azulejos...

Casa nos Açores.

A partir da imagem escolhida, localize e descreva o exterior da casa em questão a uma amiga, ao telefone. Passou lá uma/duas semanas; o tempo estava bom/agradável/mau/chuvoso. A sua amiga faz-lhe as perguntas sobre a casa e o tempo.

Ler por prazer

I.

A nossa casa ficava à beira da praia. A parte da frente, virada para o mar, tinha um jardim de areia. Na parte de trás, voltada para leste, havia um pequeno jardim agreste e mal tratado, com o chão coberto de pequenas pedras soltas que rolavam sob os passos, um poço, duas árvores e alguns arbustos desgrenhados pelo vento e queimados pelo sol.

Sophia de Mello Breyner e Andresen, *Contos Exemplares*

Casa em Trás-os-Montes.

10. Sublinhe as expressões de lugar e as preposições e contracções das preposições no texto de Sophia de Mello Breyner.

II.

Vivo no cimo dum outeiro
numa casa caiada e sozinho
essa é a minha definição.

Fernando Pessoa

I ***Superlativo***

E o resultado?
Para eles a vida vivida ou sonhada,
(...) Para mim só um grande,
um profundo,
e, ah com que infelicidade infecundo cansaço,
um supremíssimo cansaço,
íssimo, íssimo, íssimo,
cansaço.

Álvaro de Campos, heterónimo de Fernando Pessoa

11. CASA VELHA, CASA NOVA

Faça as legendas e / ou um pequeno comentário sobre a banda desenhada de Quino.

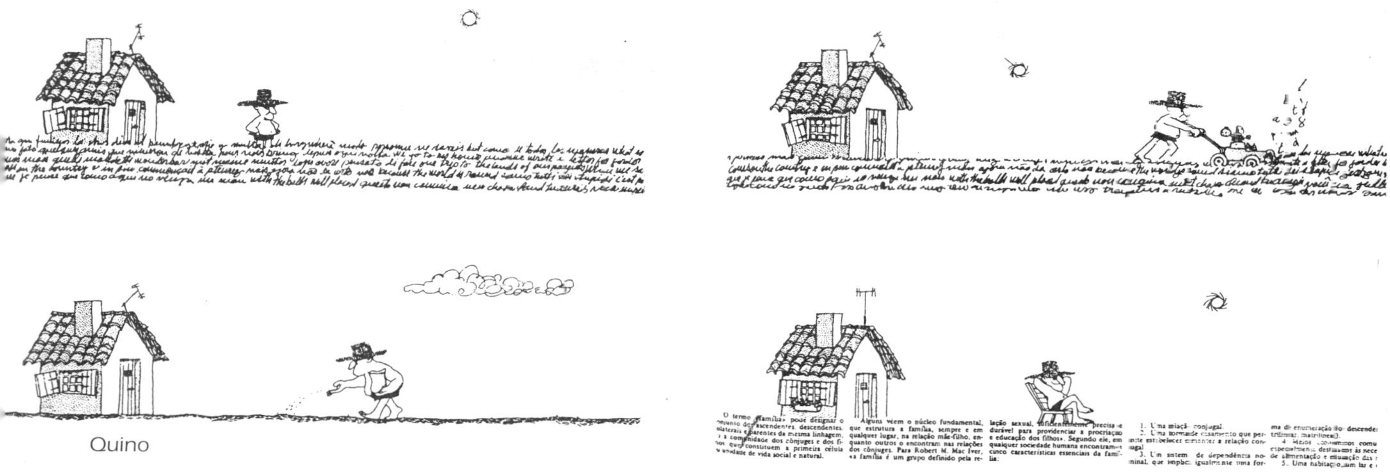

Quino

7

Ponto da situação

(...) O Claude não tem carro mas tem .... Universitária, onde ele vai receber .... É perto de .... Os amigos dele também vão .... casa.

... = várias palavras

ANDAR NOVO AO CHIADO
VISTA PARA O RIO
Sala 50 m2, 3 quartos, 3 WC, sótão utilizável, arrecadação, garagem, porteira, em pequeno condomínio de luxo.
Telef.: 60 20 48

UMA DECORAÇÃO DO CORAÇÃO NA FEIRA DA LADRA

Como o Claude, também o Martin e a Daniela, uns amigos dele, vão mudar de casa. Vão viver e estudar em Lisboa, através do programa Erasmus. Acabam de alugar um apartamento muito bonito de um amigo. Situa-se entre o Chiado e o Bairro Alto, zonas antigas e recuperadas da baixa lisboeta. É pertinho do rio e tem imensa luz.
É um T1, portanto, tem duas assoalhadas e está semiequipado. A cozinha tem fogão e frigorífico, mas não tem máquinas de lavar louça nem roupa.
A sala e o quarto não são mobilados. Eles gostam muito de decoração e estão cheios de ideias. Na Feira da Ladra vão comprar velharias e algumas não muito caras: um sofá-cama, uma mesa «art déco», quatro cadeiras rústicas, um candeeiro, um armário e uma estante com secretária.
Mas onde se põe tudo isso?

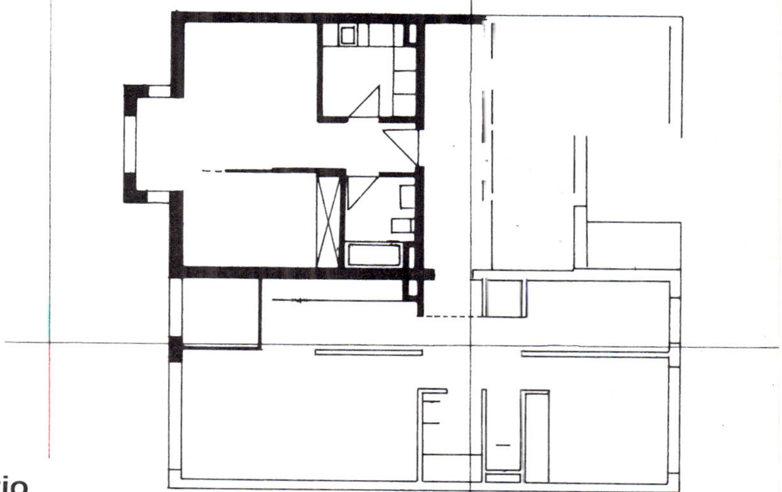

Questionário

Compreensão do texto

1. Descreva a sala do apartamento do Martin e da Daniela, localizando o mobiliário, ao seu gosto.
2. Porque é que eles vão viver em Lisboa?
3. Onde fica o apartamento que o Martin e a Daniela vão alugar?
4. Porque é que o Martin está tão satisfeito com a perspectiva de alugar a casa?
5. Descreva a sua própria sala ou o seu próprio quarto.
6. Faça as perguntas para as seguintes respostas:
   a) R: Tem duas divisões.
   b) R: O apartamento é bastante grande e tem muita luz.
   c) R: Vão comprá-los na Feira da Ladra.

Conteúdos

morfossintácticos
- verbos pôr, ir (rev.)
- futuro próximo
- passado recente
- conjugação pronominal

lexicais
- mobiliário

intenção comunicativa
- descrever o interior de uma casa, de um quarto
- escrever um anúncio

13. Tente ser o romancista e **descreva** o seu quarto de criança.

22.500 c. Marcar visitas por tel.: (02) 7624260 ou 0931810914.

MORADIA - MATOSINHOS

Gramática

7. Complete com o verbo **pôr**.

Nós todos ________ a mesa ao meio.

8

Ponto da situação

O Claude tem uma .... Paris, enquanto o Martin e .... Lisboa, porque .... Erasmus. Vão .... da Ladra onde .... Agora continuam nas compras

.. = várias palavras

ECONOMIZAR NOS SALDOS

— QUERIA ESTES SAPATOS, POR FAVOR!

Depois de decorarem a casa, o Martin e a Daniela continuam nas compras. Passam por uma sapataria em liquidação total com enormes letreiros nas montras: REDUÇÕES/DESCONTOS DE 20% (vinte por cento) a 50% (cinquenta por cento). Muito satisfeitos aproveitam os preços de saldo.

Martin — Olha, que preços formidáveis e que sapatos tão giros! Olha aquelas botas e estes sapatos aqui, à frente. Custam 25 euros. São baratíssimos.

Daniela — Eu prefiro aqueles ali, os pretos. Estás a ver? São de pele também, mas são mais caros. Vamos entrar, sem demorar muito?

Martin — Vamos.

Empregada — Já estão atendidos?

Daniela — Ainda não. Queríamos ver uns sapatos, ali da montra, se faz favor.

Empregada — Quais? Por favor, venham mostrar-mos.

Daniela (mostrando) — Aqueles pretos, rasos, ao lado dos castanhos, está a ver? Ou os outros, com tacão, da frente.

Empregada — Sim, sim. Eu vou buscar. É so um minutinho. Qual é o seu número?

Daniela — 37.

Alguns minutos depois:

Empregada – Aqui estão, mas só há o 36, com tacão... Quer experimentar?

Daniela — Acho que sim. (Olhando-se demoradamente no espelho) mm...mmm... É verdade que estão um pouquinho apertados, mas alargam com o uso, vou já levá-los calçados nos pés. Acho-os tão giros... Aceita cartão de crédito Visa? Enquanto não há a moeda única na Europa, ainda bem que há cartões.

Empregada — Isso é verdade. Aqui tem o cartão. Muito bom dia e obrigada.

Daniela — Muito bom dia!

A Daniela sai contente com a economia e o Martin menos contente com a espera.

As ruas de Lisboa são muito agradáveis para andar a pé. Eles andam, andam, mas quando a Daniela chega a casa:

— Ai, ai, que dores nos meus pezinhos...

Conteúdos

morfossintácticos
- determinantes e pronomes demonstrativos
- determinantes e pronomes indefinidos
- conjugação pronominal
- palavras derivadas

lexicais
- vestuário, lojas, produtos, profissões

intenção comunicativa
- exprimir-se numa situação de compra

Questionário

Compreensão do texto

1. Reescreva o texto seguinte, de acordo com o diálogo da página anterior.

Depois do Natal, a Daniela e o Martin vão aproveitar as promoções de roupa. Param na montra de uma boutique e entram para comprar umas calças castanhas que estão ao lado das pretas. O Martin pede o n.º 40 e experimenta rapidamente porque tem pressa.

Paga 25 euros com cheque e sai com as calças vestidas que estão enormes. E a Daniela, cheia de paciência, afinal não compra nada.

Gramática

2. Determinantes e pronomes demonstrativos e indefinidos

1. No texto, há cerca de 30 determinantes e pronomes demonstrativos e indefinidos. (Consulte o apêndice gramatical.) Sublinhe 20.
2. Complete com os determinantes e pronomes demonstrativos.

   Estes sapatos de Verão são caros. Aqueles são baratos.
   ______ botas são bonitas e _______ também são.
   Não quero esse livro, quero ________.
   Não quero _____, quero isso.
   Há um livro da Cecília Meireles chamado "Ou isto, ou _______".
   (Consulte a página 26.)
3. A partir dos seguintes textos distinga a noção de determinante (adjectivo) e de pronome indefinido ou demonstrativo. Sublinhe-os.

   «Todos os homens são iguais, mas alguns são mais iguais do que outros.» (G. Orwell)

3. Conjugação pronominal

Atenção às formas terminadas em **m**, **s**, **r** e à colocação do pronome. Consulte o apêndice gramatical.

Complete segundo os exemplos:

1. Eu prefiro estes sapatos. —> Eu prefiro-**os**.
   A Daniela acha giros os sapatos. —> Ela _______-____ giros.
   Você aceita cartão de crédito? —> Você ________-___?
2. Vocês troca**m** os sapatos. —> Vocês _______- nos.
   Eles experimenta**m** os outros. —> Eles ___________-_____.
3. Tu compras as botas. —> Tu compra~~s~~-as. —> Tu compra-**las**.
   Nós pagamo**s** a conta. —> Nós _________-_____.
4. A Daniela vai da**r** o cartão de crédito. —>
   Ela vai da~~r~~-o —> Ela vai dá-lo.
   Ela vai receber o cartão. —>Ela vai _______-___.
   Ela vai pagar os sapatos, vai trazer os sapatos nos pés, espera alargar os sapatos; em casa quer tirar os sapatos depressa. Depois, provavelmente quer dar os sapatos ou deitar os sapatos fora, como na imagem ao lado.
   Evidentemente que há sapatos a mais! Você também vai deitá-los fora e pôr os pronomes no lugar deles.

in: Photographis, 1978

CARTÃO COM CARTÃO SE PAGA

Adaptado de Livre Directo, Miguel

O sapato do coração

Há sempre dois : o sapato esquerdo e o sapato direito.

O  esquerdo calça o .

O  direito joga .

Quando chove, os sapatos dão pontapés na .

Quando faz  os  dão passeios aos domingos. À  quando tu dormes, os sapatos dão passos 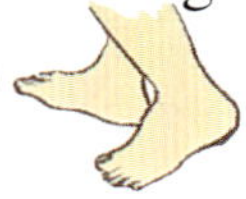

pela  do teu sonho.

Os sapatos, patos, patos, sapa, sapa, sapateiam.

Com saúde vão até ao fim do .

Doentes, vão até ao sapateiro.

Três sílabas apenas: sa-pa-tos.

Mas podem ter quatro sílabas se forem muito pequeninos: 

sa-pa-ti-nhos. E novamente três se forem muito grandes:

SA-PA-TÕES. 

Os  na gramática são uns brincalhões.

Brincalhões merecem brincar.

 que não meteu os sapatos no 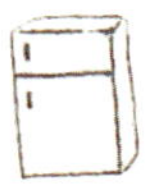 não merece  no Verão.

Não é asneira, não: são os sapatos no trapézio da imaginação.

Vê lá tu: já houve um  com  que subiu ao  Evereste. Nunca lá estiveste? Pena: ensina geografia aos teus  até ficarem sem .

Enfim faz tudo com os teus sapatos, SAPATINHOS, SAPATÕES.

Mas, se um dia endureceres e fores mau sem razão, tira o  esquerdo, põe o  no chão e ouve descalço o teu .

PEDRO ALVIM
O Sapato do Coração (adapt.)

Solução do jogo "frio... frio... quente... quente" da unidade 6, pergunta 7.5, página 40.

1. No meio do mar, há o a.
2. No meio do céu, há o e.
3. No fim da perna, há o a.
4. No fim do mês, há o s.

4. Divirta-se a **ler** o texto o "Sapato do Coração", de preferência em voz alta e em grupo.

5. Famílias de palavras

1. Sublinhe as palavras da mesma família de "sapato".
2. Com o sufixo **-inho** escreva os diminutivos de: casa, beijo, Luísa, bola, obrigado.
3. Com o sufixo **-ão** escreva os aumentativos das palavras: porta, casaco, gaveta, beijo.
4. Com o sufixo **-eiro** escreva os nomes de **profissões** a partir de: cozinha, pedra, relógio, carta, jardim, sapato.
5. Descubra as palavras primitivas de: baratíssimo, solar, dançar, aguarela, marítimo, montanha, letreiro, descontente, escritório.
6. Com o sufixo **-aria** escreva os nomes de **lojas**, a partir das palavras: sapato, pastel, papel, tabaco, cerveja, fruta, peixe.
7. Indique os **produtos** que se vendem nas seguintes lojas: padaria, mercearia, talho, confeitaria, hipermercado, armazéns.

6. Simulação / jeu de rôle / sketch

Quem – Cliente, exigente. (Acha feio, mal feito, pequeno, caro.)
Empregada, simpática.
Onde – Numa loja, em saldos.
O quê – Comprar um casaco, uma camisa, um anel de noivado, ...

Falem sobre o tamanho, a cor, o preço, o pagamento.

9

Ponto da situação

(...) A Daniela e ...... Chiado, em Lisboa. Vão ...... Ladra, ... mobília e depois ...... muito apertados. Mas, agora voltamos à Sterre ...... de chegar ...... Claude.

... = várias palavras

UM NATAL QUASE EM PORTUGAL

Que bom estar em casa de bons amigos e em férias! Finalmente a Sterre chega a casa do Claude, logo depois do Natal. Passou-o muito divertida em casa dela. Entusiasmada, conta como se passou a festa.

Sterre — Jantámos todos juntos. Sabes qual foi o menu? Adivinha! Bacalhau cozido com batatas e legumes. "Bacalhau com todos", não é? Resolvemos fazer uma ceia de Natal à portuguesa e com a ajuda da minha avó (ou avô? nunca sei), de Lisboa, foi tudo um pouco mais fácil.

Divertimo-nos imenso com surpresas e anedotas e a cantar canções de Natal. Trocámos prendas entre todos. Ainda bem que éramos doze para não dar azar: os meus pais, os meus irmãos, os meus avós, os meus tios com filhos e uma prima bastante afastada que vive em Londres e que está connosco agora.

Claude — Que prendas recebeste?

Sterre — Um computador, presente dos meus pais para a família mas sobretudo para mim, e uma moldura com retratos de todos ou quase. Como gosto muito de retratos, eu própria desenhei as caras de toda a famíla para pôr à mesa, nos lugares respectivos, e cada um identificou-se.

Claude — Que ideia tão original!

Sterre — E tu também és capaz de os reconhecer pelos meus desenhos? Vai ver à lição seguinte. É um teste para ti e. . para mim. Se acertares, somos uns "craques". Se não, somos uns azelhas ou... tu é que és.

Questionário

Compreensão do texto

1. Como é que a Sterre passou o Natal? Indique onde, com quem e o que comeu.

2. Responda se as frases são verdadeiras ou falsas.

a) Todos comeram «bacalhau com todos».	V	F
b) Eram treze na ceia de Natal.	V	F
c) Treze não é o número da sorte, é o número do azar.	V	F
d) Havia também amigos ao jantar.	V	F
e) A noite de Natal foi muito maçadora.	V	F
f) A Sterre gostou imenso do computador.	V	F

3. E você, como passou o Natal? Diga com quem e onde passou, o que comeu, o que ofereceu e recebeu.

Conteúdos

morfossintácticos
- pronomes pessoais
- advérbios e expressões de quantidade
- determinantes possessivos
- pretérito perfeito simples (verbos regulares)
- conjugação pronominal
- discurso directo e indirecto

lexicais
- família

intenção comunicativa
- exprimir votos de Boas Festas
- falar sobre as tradições do Natal

Gramática e léxico

4. Sublinhe os **determinantes e pronomes possessivos** do texto da unidade 9.

5. Construa uma frase com as seguintes palavras:
e o meu mãe Passei a
minha pai o com Natal

6. Conjugue o **pretérito perfeito dos verbos regulares falar, comer** e **divertir-se**. Consulte o apêndice gramatical.

7. Ponha no feminino:

— O teu tio mais velho é irmão do teu pai?
— É, ele é meu tio pelo lado paterno.

8. Participação de falecimento:

Sua esposa, filho, genro, nora, netos e demais família participam o falecimento do seu ente querido (...).
Mude o género das palavras sublinhadas.

9. Ponha a frase seguinte no plural e depois no masculino:
A minha irmã é parecida comigo.

10. Escreva o antónimo das palavras sublinhadas:
Este nada é um pouco que é tudo.

11. Sublinhe os advérbios de quantidade no texto da unidade 9.

12. Ponha no **discurso indirecto** a frase seguinte começando por: A Sterre diz que... "Divertimo-nos imenso, trocámos prendas entre os doze: os meus pais, os meus avós, os meus tios e uma prima minha que está connosco agora".

Ler por prazer

Venho por meio deste postal desejar-lhe Feliz Natal e um Próspero Ano Novo com todas as felicidades possíveis. Que o ano de 2002 lhe traga tudo de bom e do melhor.
Obrigado pela sua carta que achei muito interessante. A resposta vai na próxima.
Boas Festas!
Denis

АОЗТ «Оникс».
ГПП «Тип. им. И. Федорова». Зак. 8575.
Отправлять по почте только в конверте.

13. Pronomes pessoais
Ponha, na frase de Voltaire, os pronomes na 3.ª pessoa do singular, e na frase de Cocteau na 1.ª e 3.ª do singular. Em seguida, passe para a forma afirmativa a frase de Simone Weil.

I. Que Deus me proteja dos meus amigos. Dos meus inimigos defendo-me eu.

Voltaire

A felicidade de um amigo deleita-nos e enriquece-nos. Não nos tira nada. Se a amizade se ofende é porque não existe.

Jean Cocteau

A amizade não se busca, não se sonha, não se deseja. Exerce-se — é uma virtude.

Simone Weil

II. Sermos amigos

Sermos amigos
É contar contigo
É contares comigo
Confiantemente.

É esperar por ti
Sabendo que vens
Evidentemente
É esperares por mim
Naturalmente

Teu bem e teu mal
Meu mal e meu bem
Meus e teus são nossos
Verdadeiramente.

Maria Alberta Menéres

III.

Fui ver ao dicionário dos sinónimos
A palavra mais bela sem igual
Perfeita como a nave dos Jerónimos
E o dicionário disse-me Natal.

Perguntei aos poetas que releio:
Gabriela, Régio, Goethe, Pöe, Quental,
Lorca. Olegário... e a resposta veio:
Christmas... Noël... Navidad... Natal (...)

Adolfo Simões Müller

IV.

A noite de Natal era igual todos os anos. Sempre a mesma festa, sempre a mesma ceia, sempre as grandes coroas de azevinho penduradas nas portas, sempre as mesmas histórias. Mas as coisas tantas vezes repetidas e as histórias tantas vezes ouvidas pareciam cada ano mais belas e mais misteriosas.

Sophia de Mello Breyner, *O Cavaleiro da Dinamarca*

Reescreva o texto IV com os antónimos das palavras sublinhadas.

14. Inspire-se na mensagem do Denis (pág. 54) e escreva um pequeno cartão de Boas-Festas e Feliz Ano Novo em português, com o vocabulário desta unidade. Depois envie-o a um amigo, um correspondente ou mesmo aos nossos amigos deste livro.

15. Que outras línguas reconhece neste cartão poliglota?

Felices Fiestas
Seasons Greetings
Meilleurs Vœux
Tanti Auguri
Alles Gute
Iyi tebrickler
God Helg
Boldog Ujévet
Najlepsze życzenia

Beste wensen
Vše nejlepši do Nového roku
Feliz ano novo
Найлучшие Желания
Τίς καλύτερές μας εὐχές
Χρόνια πολλά
اطيب التمنيات
新年おめでとうございます
מיטב האחולים

16. A partir deste quadro sobre os costumes de Natal, **fale** sobre essa tradição no seu país e confirme (ou não) as indicações do artigo do jornal. Utilize os verbos e as expressões seguintes: comer e beber; dar e abrir prendas (presentes); ter folga (não trabalhar); decorar, cantar, etc.; ver televisão; ir à igreja; abrir, fechar.

17. Querem cantar todos?
É muito fácil. A música é internacional, de «Silent Night», e a letra em português é esta:

VI. Noite Feliz

Noite feliz, noite feliz.
O Senhor, Deus de Amor,
Pobrezinho, nasceu em Belém.
Eis nas palhas Jesus, nosso bem
Dorme em paz, ó Jesus (bis)

Noite feliz, noite feliz.
Ó Jesus Deus de Luz
Com a mágoa do teu coração
Quiseste nascer nosso irmão
E a nós todos salvar (bis)

Noite feliz, noite feliz.
Eis no ar, vêm cantar
Aos pastores, os anjos dos céus
Anunciando a chegada de Deus
De Jesus salvador, de Jesus salvador.

VII. Reuniu-se a família. Veio a avó, o pai, a mãe, o miúdo mais graúdo, o miúdo mais miúdo e a prima Elisa que nunca falta a estas coisas. Reuniu-se portanto toda a família à volta de uma mesa. Não era dia de Natal. Não era dia de anos. Era um dia qualquer...

António Torrado, *Os meus amigos*

VIII. Com três letrinhas apenas
Se escreve a palavra mãe
Que é das palavras pequenas
a maior que o mundo tem.

Tradição popular

	COMIDA E BEBIDA	PR
PORTUGAL	Bacalhau com couve na véspera. Perú no dia de Natal.	Abertas à de Natal.
ESPANHA	Marisco, carneiro assado, perú e leitão.	Pequenos de Natal, oferecidas
FRANÇA	Ostras, foie gras, perú, queijos, vinho branco e champagne.	Oferecida refeição,
INGLATERRA	Perú, Christmas Pudding, sherry, Porto e vinho.	Abertas n
IRLANDA	Perú e presunto no dia de Natal.	Abertas n de Natal.
ALEMANHA	Perú, ganso, e coelho na véspera. Diversos bolos típicos da época.	Abertas n
HOLANDA	Coelho e caça servidos no dia de Natal.	Abertas n de Natal.
BÉLGICA	Salsicha de vitela estufada com trufas, javali, vinho quente e bolos tradicionais.	Brinqued de S. Nic Dezembro no dia de
LUXEMBURGO	Chouriço de sangue, pudim preto, maçãs, vinho gasoso luxemburguês.	Presentes de S. Nic Dezembro no dia de
DINAMARCA	Pato e ganso estufados com fruta, pudim de arroz com canela.	Presentes depois de véspera d
GRÉCIA	Perú servido com vinho.	Abertas n 25.
ITÁLIA	Jantar de Natal servido no dia 24, peixe cozido no vapor, bacalhau e vinho branco.	Não há h as prend horas da

(1) feriado no 1° dia útil depois do

Alguns dados são baseados em informações recolhidas numa pesquisa do jorna

FOLGAS	BÓNUS	TRADIÇÕES	TELEVISÃO	CULTOS RELIGIOSOS	O QUE ESTÁ ABERTO
Dia de Natal, sempre, e para alguns também a véspera.	Um mês de salário extra, pago entre o fim de Novembro e o início de Dezembro.	As famílias decoram a árvore de Natal. Jantar da consoada de 24 para 25.	Circo de Natal, diversos programas para crianças.	Missa do galo às zero horas de dia 25.	Tudo fechado no dia de Natal.
Período de 24, 25 e 26 de Dezembro e 1 e 6 de Janeiro.	No mínimo um mês de salário.	Comem-se umas amêndoas doces.	Filmes comemorativos e grandes documentários especiais.	Quase todos assistem à missa da meia noite.	O dia de Natal é como um domingo, com a maior parte dos sítios abertos.
Um descanso de 5 dias.	Não há extras.	Não há costumes especiais.	Várias horas de jogos e vários espectáculos de circo.	Apenas cerca de 10% dos franceses assistem à missa de Natal.	Nada aberto.
Dia de Natal, "boxing day" [1] e dia de Ano Novo.	Não há montante fixo, depende da vontade dos patrões.	Cânticos de Natal, e caçada no "boxing day" [1].	Comédias especiais, missas e óperas.	Missa da meia noite na véspera de Natal; 16% da população vai à igreja.	Restaurantes, alguns pubs.
25, 26 e 27 de Dezembro.	Os bónus variam, o mais usual é uma semana de ordenado.	Semelhantes às da Grã-Bretanha.	Filmes de dia de Natal e edições especiais das "Soap operas".	90% dos irlandeses vão à igreja	Fechadas todas as lojas e escritórios.
25 e 26 Dezembro e 1 de Janeiro são feriados nacionais.	Um mês de salário.	Na véspera de Natal os pais decoram a árvore para as crianças.	Retransmissões nostálgicas de filmes antigos, shows de música folk, desenhos animados.	Missa da meia noite na véspera de Natal e missa na manhã de dia 25.	Algumas lojas abertas.
Desde a véspera de Natal até à 1ª semana de Janeiro.	Montante vai desde os 30.000$00 a um mês de salário.	Não há costumes especiais.	Pequenos espectáculos familiares de Natal, mas pouco há de diferente dos outros dias.	Missa na véspera de Natal conhecida por "kindse wiegen", muito popular.	Tudo fechado.
Dois dias de folga: 25 e 26 Dezembro.	Um mês de salário.	Comem muito chocolate.	Programas musicais e religiosos, desenhos animados.	A maioria vai à igreja na manhã de Natal, a maior parte católicos.	Pequenas lojas de "conveniência" abertas das 9h às 13h.
O mesmo que os belgas.	A maior parte das empresas dão um mês extra de salário.	Ruas muito coloridas e mercados de rua na véspera.	Espectáculos musicais e peças interpretadas em língua luxemburguesa.	Missa da meia noite na véspera de Natal.	Nada aberto.
24, 25 e 26 Dez: a maioria da pessoas tira férias até depois do Ano Novo.	Nada é obrigatório, mas a maior parte dos patrões são generosos.	As crianças põem á porta o pudim de arroz e amêndoas para os duendes de Natal.	Séries sobre os duendes de Natal.	Quase todas assistem à missa das zero horas ou da manhã de Natal.	Tudo fechado
Dia de Natal, "boxing day" [1] e dia de Ano Novo.	Um mês de salário extra e uma pensão extra para os reformados.	Jogos tradicionais.	Vários shows na véspera de Natal, repetidos a 25 e 26.	Os mais velhos vão à igreja. O Natal não é tão importante como a Páscoa.	Pastelarias.
Dia de Natal e "boxing day" [1].	Um mês de salário.	Os convidados oferecem à família anfitriã um pequeno visco para dar sorte.	"Talk show" da lotaria nacional, seguida por filmes clássicos.	A maior parte das pessoas assiste à missa da meia noite, que começa às 23.30h.	Lojas e escritórios fechados.

Comunicação Total

Mail»

10

Ponto da situação

Aqui está o teste .... artísticas da Sterre e à inteligência .... São doze retratos desenhados .... com quem ela .... Natal. Agora, o Claude .... quem ....

... = várias palavras

QUEM É QUEM?

Claude — Penso que este senhor não muito sorridente é o teu avô, advogado, não é Sterre?
E esta senhora, claro, é a tua avó, excelente cozinheira.
Olha o teu pai, arquitecto, não é?
Vê-se logo que esta é a tua mãe, que é professora.
Aposto que este é o teu tio, mecânico, casado com a tua tia e madrinha.
Eles são os pais dos teus primos que são irmãos gémeos.
Esta, não conheço. É, talvez, a tua prima de Londres.
Aqui é o Fred, teu irmão mais novo que está sempre a dormir, e esta é a tua irmã mais velha que é muito parecida contigo.
Mas, e tu onde estás?
Sterre — Olha, vai ver à lição seguinte!

Questionário

Compreensão do texto

1. Quem são os elementos mais velhos da família da Sterre? E o mais novo?

2. De acordo com o texto, responda se cada uma das frases é verdadeira, falsa ou não há elementos para responder.

1. O pai da Sterre é médico.
2. A tia dela tem 40 anos.
3. O João é irmão gémeo do Fred.
4. A irmã mais nova é muito diferente da Sterre.
5. O cunhado da Sterre é mecânico.
6. O Fred é muito dorminhoco.
7. A Sterre faz 20 anos em Agosto.

3. Auto-retrato da família

1. Quantos irmãos e/ou irmãs tem você?
2. Como se chama o seu avô paterno?
3. Quantos anos tem o seu pai?
4. Qual é o seu primo preferido?
5. Qual é o dia anual da família?

4. **Gramática e léxico**

1. Complete com os determinantes e pronomes demonstrativos (consulte o apêndice gramatical, págs. 146 e 149).

Este, esta, _______, _______ → isto
_______, essa, esses, _______ → _______
_______, aquela, _______, aquelas → aquilo

Conteúdos

morfossintácticos
- determinantes e pronomes demonstrativos (revisão)

lexicais
- profissões (revisão)
- locais de trabalho (revisão)
- família (cont.)

intenção comunicativa
- pedir e dar informações sobre a família
- formular hipóteses

5. O texto seguinte é uma recriação que faz publicidade a um instrumento de trabalho. Qual? A resposta é fácil...

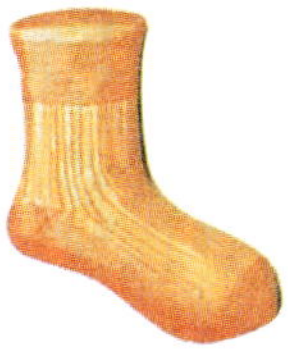

O Pai Natal ofereceu um à Sterre e ofereceu um a si próprio para catalogar o seu ficheiro universal.

O director artístico utiliza-o para catalogar as más criações de um lado e as suas do outro.

O criador de gado utiliza-o sobretudo à noite para contar carneiros. (1)

O engenheiro dos caminhos-de-ferro utiliza-o para programar o comboio eléctrico do seu filho.

O encenador utiliza-o para distribuir os papéis.

O arquitecto utiliza-o para aumentar os lucros e as férias.

O maestro utiliza-o porque é o homem dos sete instrumentos. (2)

O agente de viagens utiliza-o para programar o mundo inteiro.

O homem de negócios utiliza-o para interrogar os grandes bancos de dados.

O relojoeiro utiliza-o porque tempo é dinheiro.

O electricista utiliza-o para ter boas ideias.

O director do ginásio utiliza-o para manter os ficheiros em forma.

A costureira utiliza-o para não perder o fio à meada e saber as linhas com que se cose. (3) e (4)

O banqueiro utiliza-o para ter em conta todas as contas dos seus clientes.

O oculista utiliza-o para não perder de vista os lucros.

O professor utiliza-o para gastar o tempo com os alunos e não a somar as notas.

O merceeiro utiliza-o para calcular o volume das encomendas.

O surfista utiliza-o para estar na crista da onda. (5)

O estudante utiliza-o para saber mais e estudar menos.

E VOCÊ?

Como as frases têm segundos sentidos ou sentidos figurados, informe-se sobre o seu significado e procure o equivalente na sua própria língua.

Explicação de expressões de duplo sentido:

1. Contar carneiros – tentar adormecer durante uma insónia.
2. Homem dos sete instrumentos – pessoa que sabe fazer muitas coisas.
3. Perder o fio à meada – perder o desenvolvimento de uma ideia.
4. Saber as linhas com que se cose – saber bem o que lhe diz respeito.
5. Estar na crista da onda – estar no top, estar bem informado, ser competitivo.

6. Em seguida, escolha e complete com os **locais de trabalho** à direita apropriados às **profissões** e faça as frases completas

Ex.: O agente de viagens trabalha na agência de viagens

arquitecto	sapataria/talho/atelier
banqueiro/bancário	_______________
costureira/alfaiate/modista	atelier/escola/ginásio
criador de gado/agricultor	praia/campo/ópera
director do ginásio	_______________
electricista	oficina/museu/universidade
engenheiro	_______________
estudante	_______________
maestro	_______________
oculista	loja/mercearia
professor	_______________
surfista	_______________
Pai Natal	_______________

Ler por prazer

I. Explique os três provérbios seguintes:

Casa de pais, escola de filhos.

Filho de peixe sabe nadar.

Quem tem filhos tem cadilhos (preocupações), quem não tem cadilhos tem.

Quatro títulos de filmes familiares:

Pai, Filho e sarilho

Em nome do pai.

Meu Pai, o herói.

Três irmãos.

II.

2 de Julho — Ontem, depois de trabalhar inutilmente três horas no tal romance, desci lá baixo, ao mar. (...)

Mal eu tinha acabado de estender as pernas, instalou-se numa barraca ao lado uma família de quatro pessoas: *pai, mãe, sogra desta e um filho, o Jorge*, que deve ter uns oito anos. Sentaram-se todos e deram ínicio à respiração dos ares da praia, e as duas senhoras começaram a fazer renda.

Miguel Torga, *Diário* (adaptação)

7. Complete quatro frases destas quatro personagens, que estão na praia.

O Jorge (oito anos turbulentos) diz uma frase à avó dele que faz renda. Ela diz outra frase à nora dela que diz outra frase ao marido dela o qual fica impaciente.

Simplesmente não estão de acordo uns com os outros e as frases vão aumentando nas palavras e no tom.

Ex.:

1.ª frase: Jorge – Ó vovó, quero mais outro gelado, daqueles muito grandes de ________ e batatas fritas e _____________ .

2.ª frase: Avó – Ó Assunção, dá ao _______________ de chocolate e cuidado com a minha renda...

3.ª frase: Mãe – Ó António, a tua mãe estraga ___________ .

4.ª frase: Marido – Ó Jorge, ______________ infernal. Parece ________ 3 anos. Cala-te!

5.ª frase: Jorge Choro do Jorge.

11

Ponto da situação

[...] A Sterre desenhou ...... família e o Claude adivinhou ...... de todos mas faltava o retrato da Sterre que é este.

... = várias palavras

ESSA «FOTO» ERA EU EM PEQUENA

Lembram-se, caros alunos, que na lição passada faltava o auto-retrato da Sterre? Pois aqui está ele e aqui está a continuação da conversa entre o Claude e a Sterre.

Sterre — Estás a ver, Claude? Essa era eu, em pequena. Era tão gorda...

Claude — Que engraçada! Quantos anos tinhas?

Sterre — Devia ter sete, assim sem dentes, quando andava na escola. A minha mãe fazia-me tranças e punha-me uns laços enormes no cabelo, com um chapéu vermelho. Ia muitas vezes para casa da minha avó que gostava muito de mim e me chamava Capuchinho Vermelho.

Questionário

Compreensão do texto e gramática

1. Faça quatro perguntas sobre o texto, com estruturas diferentes.

2. Sublinhe os verbos no pretérito imperfeito do indicativo.

3. Conhece a História do Capuchinho Vermelho? Aqui vai uma versão para corrigir e aumentar. Substitua as palavras erradas e ponha os verbos no pretérito imperfeito. (Consulte o Apêndice Gramatical.)
Era uma vez um rapaz que se ____________ (chamar) Capuchinho Azul. Ela _______ (ser) muito magrinha e grande. ________ (ir) a casa da prima pela auto-estrada, e _______ (apanhar) cogumelos envenenados. Mas o Lobo Bom comeu a prima e o Capuchinho _____ (achar) que ela ______ (ter) os olhos, a boca e as orelhas muito pequenas. Então, o Lobo preparava-se para comer o Capuchinho...
Atenção, você ________ (saber) que a versão de Charles Perrault é diferente da versão dos Irmãos Grimm?

4. Ponha a seguinte frase na 3.ª pessoa do singular:
A minha mãe fazia-me tranças, punha-me uns laços e a minha avó chamava-me Capuchinho.

5. Escreva o início de um conto maravilhoso à sua escolha. A Cinderela, a Branca de Neve, a Bela Adormecida, etc. Comece por «Era uma vez...». Leia primeiro todos os textos desta unidade.

Conteúdos

morfossintácticos
– pretérito imperfeito
– conjugação perifrástica (estar a)

intenção comunicativa
– exprimir recordações
– contar hábitos

Quino

Ler por prazer

I. Entrou o comandante com uma lâmpada e aproximou-lha da respiração.
– Está morto! – disse ele.
Mariana curvou-se sobre o cadáver e beijou-lhe a face. Era o primeiro beijo...

Camilo Castelo Branco, *Amor de Perdição*

6. Compare o texto I com a imagem. Descubra as diferenças.

II. Sonho Vago

(...) onde está ele, o Desejado? O Infante?
O que há-de vir e amar-me em doida ardência?
O das horas de mágoa e penitência?
O Príncipe Encantado? O Eleito? O Amante?

Florbela Espanca, *Sonetos*

III. Estrada abaixo, Lena corria de braços abertos. Vinha de sapatos pretos, meias pretas, bibe preto. E, sobre os cabelos claros, um grande laço preto. Toda ela vestia de luto carregado. Parecia uma andorinha (...)

Manuel da Fonseca, *O Fogo e as Cinzas*

IV. Os amigos

Os amigos amei (...)
Uns iam, outros vinham
A nenhum eu perguntava
porque partia
ou porque ficava;
era pouco o que eu tinha,
pouco o que dava
mas também só queria
partilhar a sede de alegria...

Eugénio de Andrade, *Coração de Dia, Mar de Setembro*

V.

Lourença tinha três irmãos. Todos aprendiam a fazer habilidades (...) e tocavam guitarra ou dançavam em pontas dos pés. Ela não. Era até um bocado infeliz porque aprendia coisas que tinha que esquecer o mais depressa possível. O que mais gostava de fazer era comer maçãs e dormir. Mas não dormia. Fechava os olhos e acontecia-lhe então uma aventura bonita e conhecia gente maravilhosa. Eram as pessoas que ela via no cinema mas não sabia quem eram.

Agustina Bessa-Luís, *Dentes de Rato*

VI.

Apanhava, folheava, arremessava; para desentulhar um volume demolia uma torre de Doutrinas, saltava por cima dos Problemas, pisava as Religiões, interrogava Índices... na ânsia de encontrar um livro.

Eça de Queirós

VII. A imagem (4 de Janeiro)

Lembro-me que era no Verão e havia um cheiro a terra morna. Lembro-me do sossego da casa e do ruído do comboio, ao longe, e que a brisa agitava os teus cabelos. Lembro-me que nenhum de nós falava, porque as palavras não eram necessárias. Lembro-me que tinhas um sorriso tranquilo, que nos beijávamos e nem demos, sequer, pelo correr do tempo.
(Ah! Que saudades daquele Verão que passou...)

Hélder Pacheco, *Os dias comuns*

7. Os textos IV, V, VI e VII têm mais de trinta formas no imperfeito do indicativo. Sublinhe-as. Como se forma o imperfeito? Não se esqueça dos verbos **ser**, **ter**, **vir**, **pôr**. Consulte o Apêndice Gramatical.

Fale ou **escreva** sobre aspectos da sua infância ou de alguém seu amigo.

Como era, o que fazia na escola, os amigos que tinha, onde e como passava as férias e o Natal...

8. Observe a subversiva banda desenhada de Quino. Dê-lhe um título.
Considere as legendas da escuerda que estão na **forma perifrástica**. Consulte o Apêndice Gramatical (pág. 153).
O Capuchinho Vermelho **está a passear = Verbo estar + a + verbo principal**.
A Cinderela ____ __ experimentar o sapato de cristal.
O Hansel e a Gretel ______ __ ____ a casinha de chocolate.
Todos morrem menos os 7 anões que <u>estão</u> <u>a</u> <u>criar</u> um monopólio de vendas.

O Capuchinho Vermelho <u>está</u> <u>a</u> <u>passear</u> na floresta

A Cinderela ______ ______ experimentar o sapato de cristal

O Hansel e a Gretel ______ ______ ver a casinha de chocolate

Quino

* Estar-se nas tintas – não querer saber disso, não se importar com...

Os 7 anões ______ ______ criar maquiavelicamente um monopólio de vendas com a Branca de Neve

PORTUG-05

12

Ponto da situação

A Sterre .... Natal ...... família em Amsterdão. Em seguida, ... férias ...... Claude ____ Paris. Mas agora ...... Lisboa ...... Martin.

____ = uma palavra
... = várias palavras

Èn Loco-Sociedade de Actividades Recreativas e Turísticas Lda
Cais Faluas–Montijo 230 35 7
46/8 M^el N N Alm^a–Montijo 231 00 3
Encantado,Armindo Albt^o
Quintola– 223 08 4
C Com Av–lj 28 Av Liberd– 223 56 2
Quintola– 223 09 0
Encantado,Armindo Albt^o S
Pedreiras– 223 22 1
Encantado,Arsénio M^el
17/9 B^o Inf D. Henr– 223 23 3
Encantado,Beatriz M Serrão
Bl 1–r/c–D B^o Pescadores– 223 50 7
Encantado,Edmundo Joaq
55,2^o–E D. Sancho I– 223 22 2
Encantado,Franc^o João S
Bl 8–4 B^o Chesimbra– 223 08 8
Encantado,Franc^o P R
12 João Deus– 223 27 7
Encantado,Gaspar J Sousa
Bl A,1°–D Cons^o Ramada Curto– 223 07 6
Encantado,Irene Coelho
14,2^c Lg Bombaldes– 223 52 3
Encantado,João Marques
Bl 1,1^o–E Cruz– 223 01 9
Encantado,M Eugénia Sousa
10 Cel Barreto– 223 25 6
Encantado,M Fátima Peixoto
40,1^o–E Cons^o Ramada Curto– 223 29 3
Encantado,M^a E V Cocharra
8–r/c Arrais A Pitorra– 228 08 5
Encantado,Mª Emília
.... 223 49 3

ENCANTADO? ENCANTADA!

Depois de Paris, a Sterre vai agora para Lisboa por causa de um colóquio sobre os Direitos Humanos no Parque das Nações. Mas as viagens provocam separações, saudades e às vezes desilusões. Telefona ao Martin que já não via há muito tempo. Encontram-se no Conservatório que o Martin frequenta e, apesar da satisfação do encontro, Sterre deixa transparecer uma cara triste. Ao fim de alguns minutos:

Sterre — Ai, ai! (suspiros de tristeza)
Martin — Que tens ? Estás com cara de chateada... Porquê?
Sterre — Estou, estou, porque o meu namorado não me escreve. Estou farta ! Ainda não é ele o meu príncipe encantado...
Martin — Queres conhecer um? Eu apresento-te.
Sterre — Quem é?
Martin — É o Arsénio, irmão do Gaspar e do João.
Sterre — Arsénio ou Arsénico? Sabes, estou muito pessimista.
Martin — Não, não. Chama-se Ar-sé-ni-o, e é muito simpático.
A Sterre imagina o Arsénio alto, louro, magro, com os olhos azuis ou então sedutor como o James Dean.
Martin — Olha, que coincidência, ele vem ali. Vou apresentar-to e vamos juntos para as aulas. Arsénio! Viva! Apresento-te aqui a Sterre.
Arsénio — Bom-dia, Sterre. Encantado. Como está?
Sterre — Encantado?!... Ah! Encantada.
Martin — Sterre, em português não se diz "encantada", diz-se "Muito prazer" ou "Muito gosto".
Sterre — ... Oh, vai passear!

Questionário

Compreensão do texto

1. A seguinte lista de palavras traduz uma associação de ideias. Sublinhe apenas aquelas que se relacionam com o texto. Risque as outras.

Sterre / desilusão / falta de notícias / doença / nova esperança / / Arsénico / príncipe encantado / veneno / optimismo / emprego / / ideal de rapaz / Woody Allen / desinteresse.

2. Com as palavras seleccionadas e outras substitutas faça quatro frases complexas (com «porque...») para resumir o texto.

3. Em que consiste o humor do texto?

4. Imagine e descreva o contrário do ideal de homem para a Sterre.

5. Ponha no plural a segunda fala da Sterre. (Estou, estou, porque... príncipe encantado.)

Conteúdos

morfossintácticos
– grau comparativo
– pronomes pessoais
– conjugação pronominal (cont.)
– interjeições

lexicais
– retrato

intenção comunicativa
– apresentar alguém
– manifestar interesse e desinteresse por alguém
– fazer um retrato

Campanha Internacional contra a SIDA:

6. Passe para o **discurso indirecto** a seguinte frase, começando por:
Ele dizia que não…

Não sei se é amor que tens ou amor que finges, o que me dás. Dás-mo. Tanto me basta.

Fernando Pessoa

Faça a legenda das figuras desta B.D. de Sempé, «La Déclaration».

Sempé

7. Utilizando interjeições, expressões de amor e de recusa desta unidade, **escreva** as legendas desta B. D. de Sempé. Evoque a beleza do retrato dela e a intensidade dos sentimentos dele.

8. Jogo de associação de palavras:
Altere e complete, segundo o seu critério, a lista de palavras que se associam ao tema «Felicidade».
Amor / Paixão / Preservativo / Férias / Estudo / Ternura
Saber / Fome / Dinheiro / Privações / Doença / Exames

TESTE: TEM A MANIA DO AMOR?

Faça este teste e poderá ficar a saber qual a diferença entre o romance e o amor verdadeiro. Escolha ou adapte a definição que mais lhe agradar.

1. a. Sou amado pelas minhas qualidades.
   b. Sou amado devido a circunstâncias exteriores a mim.

2. a. O amor verdadeiro só aparece uma vez.
   b. Eu podia amar pessoas diferentes.

3. a. O amor nasce da atracção.
   b. A atracção nasce do amor.

4. a. O amor é sacrifício.
   b. O amor é partilha.

5. a. O amor é emoção.
   b. O amor é uma decisão.

6. a. Eu amo mais do que sou amado.
   b. Eu amo menos do que sou amado.

7. a. Só o coração pode escolher quem amar.
   b. A cabeça e o coração têm voto igual no amor.

8. a. A minha identidade é anulada pelo amor.
   b. A minha identidade é inalterável.

9. a. A pessoa de quem gosto modifica-se por mim.
   b. Não modifica a sua maneira de ser.

10. a. Vejo o amor através de uma luz clara e reveladora.
    b. O amor é cego.

JN (adaptado)

Gramática

9. Comparativo

O amor é como os verbos e os adjectivos. Tem várias dimensões e várias formas, portanto, pode-se comparar e conjugar.

9.1. A Sterre gosta mais do James Dean do que do Arsénio.
Então ela gosta menos do Arsénio do que do James Dean.
Ela gosta tanto do James Dean como do Kevin Costner.

9.2. Mas fazer comparações em questões amorosas leva a grandes indecisões, sobretudo quando implicam beleza, riqueza e simpatia...
Qual escolher entre o Luís que é mais simpático que o André que é tão bonito como o Daniel que é menos rico que o João? Faça você a(s) sua(s) escolha(s) também.

9.3. Faça frases também no grau comparativo de superioridade, de igualdade e de inferioridade, com os seguintes elementos:
Sedutora —> Marylin Monroe / Grace Kelly
Magro / Gordo —> Orson Wells / Woody Allen
Fácil / Difícil —> Português / ______ /______

10. **Conjugação pronominal reflexa e recíproca**. O amor pode ser egoísta ou altruísta. Entre no jogo!

10.1. O amor egoísta conjuga-se assim:

Eu amo-me ___ ___ ____________
Tu amas-te ___ ___ ____________
Ele ama- __ a ___ próprio
Ela _____-___ ___ ela ______
Nós amamo-nos a nós próprios...

10.2. O amor altruísta conjuga-se assim:
Eu amo-te
Tu amas-____
Ele ______- a
Ela ______-____
Nós ________-_____ mutuamente.
Vocês ________-_____uns aos outros.

11. Sublinhe as **interjeições** do texto.

1. Da lista seguinte distinga as que traduzem satisfação, desagrado, dor, cansaço, saudação (pág. 156):
Oh! Ai! Ui! Ufa! Olá! Viva! Bolas! (fam.) Bestial! (fam.)

A que ritmo bate o coração? Normalmente, o ❤ bate 78 x por minuto. Quando estamos apaixonados, bate mais depressa.

Num ano, o teu ❤ bate mais de 36 milhões de vezes.

in: Serviço F. C. Gulbenkian

Ler por prazer

I. Amor é uma alma em dois corpos.

Aristóteles

II. Éramos dois e só tínhamos um coração.

François Villon

III. Amor é fogo que arde sem se ver
é ferida que dói e não se sente;
é um contentamento descontente,
é dor que desatina sem doer.
(...)

Camões, *Sonetos*

IV. Mar

De todos os cantos do mundo
Amo com um amor mais forte e mais profundo
Aquela praia extasiada e nua
Onde me uni ao mar, ao vento e à lua.

Sophia de Mello Breyner, *Signos*

V. Cantada

Caso contigo, Carmela
caso cumpras condição:
Cobrarei casa, comida
cama, cavalo, canção,
carinho, cobres, cachaça,
carnaval camaradão,
casino (com conta certa)
cerveja, coleira e cão,
chevrolé cinco cilindros,
canja e consideração,
calista, cabeleireiro,
cinema, calefacção,
chá, café, confeitaria,
cada compra – comissão,
conforto, comodidades,
cachimbo, calma... caixão.
(...)
Convém-te, cara Carmela?
Caso contrário, cabaças!
casarei com Conceição.

J. Guimarães Rosa, *Colega, constante camarada, cônsul, capitão clínico conceituado* (brasileiro)

11. Escolha seis elementos do texto V que considere necessários para uma relação feliz. Em seguida escolha três desnecessários e três prejudiciais.

RETRATOS LITERÁRIOS E PLÁSTICOS

VI.

– Mas que bonita que eu sou – disse ela –, sou linda (...) Que grandes que são os meus olhos, que fino que é o meu nariz, que dourados que são os meus cabelos, os meus olhos brilham como estrelas azuis, o meu pescoço é alto e fino como uma torre (...).

Sophia de Mello Breyner, *A Fada Oriana*

VII.

O seu nome era Ana. Olhos de safira e lábios de romã. Boca de sorriso. Quase sempre silenciosa. "Porque estás calada, Ana? Não respondia, mas sabia..."

Maria João Reynaud, *Ana e o Arco-Íris*

VIII.

Descalça vai para a fonte
Leonor pela verdura
Vai fermosa e não segura (...)

Descobre a touca a garganta
Cabelos d'ouro entrançado
Fita de cor de encarnado
Tão linda que o mundo espanta (...)

Camões

IX.

Magro, de olhos azuis, carão moreno
Bem servido de pés, meão na altura
Triste de facha [1], o mesmo de figura
Nariz alto no meio e não pequeno

[1] Fisionomia.

Bocage

X. No seguinte texto, procure os aspectos opostos entre Giton e Phédon:

Giton tem a tez fresca, a cara cheia, o andar firme e decidido. Dorme de dia, dorme de noite e profundamente. À mesa e na rua ocupa mais lugar que os outros e ao meio. Quando ele pára, toda a gente pára; ele anda, anda-se. Interrompe mas não é interrompido. Quando se senta, instala-se num sofá e baixa o chapéu para não ver ninguém.

Phédon tem a pele envelhecida, o corpo seco e a cara magra. Dorme pouco e mal e continua abstracto e sonhador. Até se esquece de dizer o que sabe e nem sequer se faz ouvir. Não tem espaço nem lugar para ele e fala para dentro.

La Bruyère, *Les Caractères* (trad. e adapt.)

XI.

A estatura era média, tendendo para mais alta, mas curvada, sem ombros altos. O gesto era branco, o sorriso era como era, a voz era igual...

Álvaro de Campos (heterónimo de Fernando Pessoa)

XII.

Era terça-feira, ao princípio da tarde. Tinha ido fotografar o Majestic. (...) Ao pé do nicho onde está a Santa Catarina parava um vendedor de balões e registei-o na película. Depois guardei a máquina e foi então que ouvi um *psst* envergonhado de voz de mulher: ó senhor, tire-me um retrato com os meus filhos para o jornal...

Hélder Pacheco, *Tradições Populares do Porto*

XIII. Poema para Galileo

Estou olhando o teu retrato, meu velho pisano (...).
Aquele retrato da Galeria dos Ofícios da tua velha Florença.
(Não, não, Galileo! Eu não disse Santo Ofício. Disse Galeria dos Ofícios.)
Aquele retrato da Galeria dos Ofícios da requintada Florença.
Lembras-te? A ponte Vecchio, a Loggia, a Piazza della Signoria...
As margens doces do Arno às horas pardas da melancolia. Ai que saudade, Galileo Galilei!

António Gedeão, *Poesias*

Jorge Colaço

Eça de Queirós

Almada Negreiros

Almada Negreiros

Matisse

La religieuse portugaise

Maria de Medeiros

Luís Vaz de Camões

Bocage

Calouste Gulbenkian

Almada Negreiros

Fernando Pessoa

Arpad Szenes

Sophia de Mello Breyner

Depois de ler a galeria de retratos literários, observe esta galeria de retratos plásticos.
Escolha dois a seu gosto e faça uma descrição retirando vocabulários ou expressões úteis dos textos anteriores.
Faça uma lista de 12 substantivos e de 12 adjectivos dos 8 textos apresentados na página anterior.
Assinale os escritores retratistas que estão retratados nesta página.

13

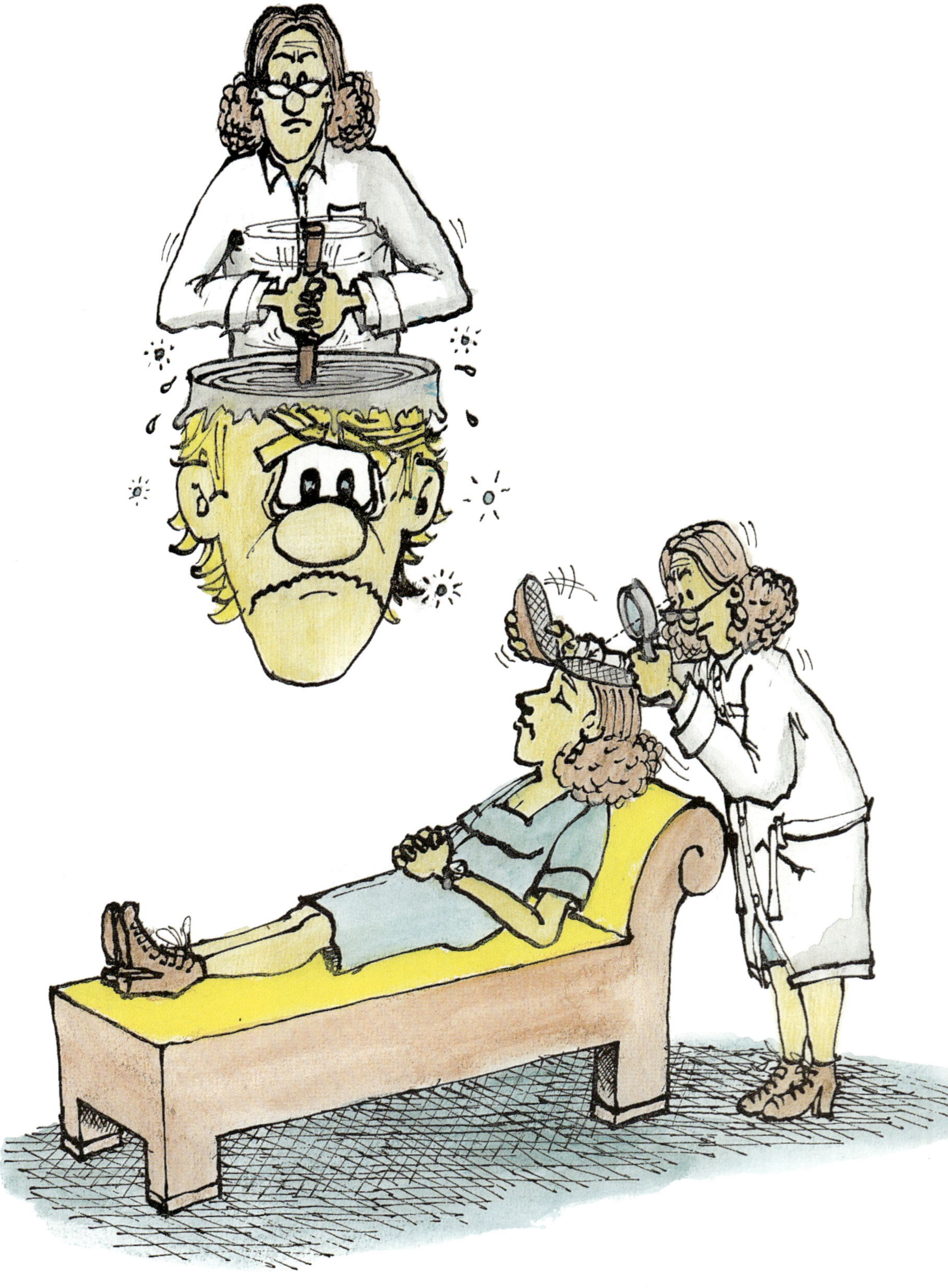

O FUTURO O DIRÁ. IR À PSICÓLOGA

A Daniela e o Martin interrogam-se sobre a vida, os estudos, o amor... A Daniela está muito indecisa sobre a sua profissão. Gostava de ser maestra mas pensa que não tem hipóteses: por que razão quase não há mulheres maestras? O Martin quer ser actor. "Ser ou não ser, eis a questão!" Indecisos entre ir à psicóloga ou ir à astróloga, decidem... pelas duas.
Depois de muito conversarem, a psicóloga aconselha:
— Acredite em si própria, você tem talento e perseverança que são características importantes para vencer na vida. Vê-se que gosta do que faz, mas procure sair da rotina. Porque não vai viajar? Por vezes, uma viagem abre horizontes, encontram-se pessoas, vêem-se outras realidades. Pode ter interesse em fazer um teste de orientação vocacional.
Quer experimentar?

Questionário

Compreensão do texto

1. Por que razão é que a Daniela falou com a psicóloga?

2. Que diferença existe entre o ideal e as possibilidades profissionais da Daniela?

3. Por que é que a psicóloga lhe aconselhava uma viagem?

Quino

Conteúdos

morfossintácticos
- verbo ver (pres. ind.)
- discurso directo e indirecto

intenção comunicativa
- exprimir o gosto por actividades e profissões

4. E você, que profissão pensa vir a ter? Porquê? E qual gostaria de exercer?

5. É a sua vez de experimentar um teste de orientação vocacional, feito para jovens quando vão escolher uma das cinco áreas de estudo.

Quais são os seus interesses?
Vai encontrar 6 grupos com 5 afirmações cada. Para cada afirmação deverá dizer até que ponto concorda ou não com ela.

1 = Completamente em desacordo
5 = Completamente de acordo

6. Dê exemplos de **profissões** adequadas a cada grupo. (Consulte as páginas 58, 59, 60, 61, 79 e 86)

Grupo 1
- 1 2 3 4 5 Gosta de consertar e reparar coisas
- 1 2 3 4 5 Gosta de estar em forma
- 1 2 3 4 5 Gosta de fazer coisas com as mãos
- 1 2 3 4 5 Gosta de actividades que exijam esforço físico
- 1 2 3 4 5 Sente-se bem a trabalhar com ferramentas e máquinas

Grupo 2
- 1 2 3 4 5 Gosta de compreender as coisas em pormenor
- 1 2 3 4 5 Gosta de explorar ideias novas
- 1 2 3 4 5 Gosta de resolver problemas
- 1 2 3 4 5 Gosta de levantar questões e problemas
- 1 2 3 4 5 Gosta de encontrar as suas próprias respostas e soluções para os problemas

Grupo 3
- 1 2 3 4 5 Gosta de ver exposições de arte, peças de teatro e filmes
- 1 2 3 4 5 Gosta de ser diferente
- 1 2 3 4 5 É muito importante ter coisas bonitas e agradáveis à sua volta
- 1 2 3 4 5 Gosta de usar a imaginação
- 1 2 3 4 5 Gosta de se expressar através da escrita, da pintura, da música ou por quaisquer outros meios

Grupo 4
- 1 2 3 4 5 Gosta de trabalhar em grupo
- 1 2 3 4 5 Gosta de dar atenção às necessidades das pessoas
- 1 2 3 4 5 Gosta de ajudar as pessoas
- 1 2 3 4 5 Gosta de animar as pessoas a desenvolver actividades
- 1 2 3 4 5 É mais importante com quem está do que onde está

Grupo 5
- 1 2 3 4 5 Gosta de tentar persuadir e influenciar as pessoas
- 1 2 3 4 5 Gosta de executar tarefas que implicam uma grande quantidade de energia e desenvolvimento pessoais
- 1 2 3 4 5 Gosta de correr riscos
- 1 2 3 4 5 Gosta de tomar decisões
- 1 2 3 4 5 Gosta de organizar as pessoas e entusiasmá-las para uma actividade

Grupo 6
- 1 2 3 4 5 Gosta de receber directrizes claras e precisas
- 1 2 3 4 5 Gosta de realizar o seu trabalho com detalhe e minúcia
- 1 2 3 4 5 Gosta de uma rotina regular e organizada
- 1 2 3 4 5 Gosta de fazer o que esperam de si (ou dele/a)
- 1 2 3 4 5 Gosta de trabalhar com dados, números, gráficos e/ou palavras

Teste de orientação vocacional da Escola Sec. Aurélia de Sousa

Gramática

7. Complete com o **verbo ver**.

As vantagens que eu ______ em ser director são as mesmas que tu ______ mas não sei se os actuais directores as ________.
O meu avô é que já não ____ nada e nós ________-nos atrapalhados com a falta de visão de todos.

8. **Discurso indirecto.**
Escreva no discurso indirecto as seguintes frases da psicóloga:
Você tem talento e é perseverante, que são características importantes. Vê-se que gosta do que faz. Porque não vai viajar? Uma viagem abre horizontes, encontram-se pessoas e vêem-se outras realidades.

Ler por prazer

I. Quem vê caras, não vê corações.

Mais vale ser do que parecer.

O hábito não faz o monge.

Em terra de cegos, quem tem um olho é rei.

Provérbios populares

9. Explique por palavras suas dois dos quatro provérbios. Procure na sua própria língua provérbios equivalentes.

II. Retrato de Mónica

Mónica é uma pessoa tão extraordinária que consegue simultaneamente ser mãe de família, ser chiquíssima, ser dirigente da "Liga Internacional das Mulheres Inúteis"; ajudar o marido nos negócios, fazer ginástica todas as manhãs, ser pontual, ter imensos amigos, dar muitos jantares, ir a muitos jantares, não fumar, não envelhecer, gostar de toda a gente, toda a gente dizer bem dela, coleccionar colheres do séc. XVII, jogar golfe, deitar-se tarde, levantar-se cedo, comer iogurte, fazer ioga, gostar de pintura abstracta, ser sócia de todas as sociedades musicais, estar sempre divertida, ser um belo exemplo de virtudes, ter muito sucesso e ser muito séria (…).
Tenho conhecido na vida muitas pessoas parecidas com a Mónica. Mas são só a sua caricatura. Esquecem-se sempre ou do ioga ou da pintura abstracta.

Sophia de Mello Breyner, *Contos exemplares*

10. Este texto apresenta ironicamente um modelo caricatural de mulher.

1. Ponha o texto no **discurso directo alterando as formas sublinhadas**. Na 1.ª pessoa, Mónica fica ainda mais ridícula: «Eu sou uma pessoa tão extraordinária que…».

2. Descreva o seu próprio carácter com as suas qualidades e defeitos. Consulte as páginas 76 e 83.

14

O FUTURO O DIRÁ. IR À ASTRÓLOGA

Para tentar "tirar a prova dos nove"* sobre o futuro deles, os nossos amigos vão em seguida à astróloga. Curiosamente, como sabem, a astrologia tem cada vez mais adesão. Bastante divertidos e duvidosos esperam pela sua vez. Encontram-se num meio de pessoas muito diferentes e num ambiente estranho.
Diz a astróloga com um ar penetrante à Daniela, olhando para a bola de cristal:
Astróloga — A menina será muito rica. Fará um cruzeiro onde conhecerá um jovem muito interessante, um actor. Verá que essa viagem lhe trará óptimos resultados. Casará brevemente e terá dois filhos.
Como o seu signo é Aquário deve ser talentosa e persistente; além disso, os astros estarão na posição ideal para tentar a sua sorte. Poderá jogar na lotaria, no totoloto, no totobola...
Voz do filho da astróloga — Mamã, a minha bola de futebol?

* Tirar a prova dos nove – ter a certeza, tirar as dúvidas.

Questionário

Compreensão do texto

1. Descubra as diferenças entre o texto gravado e o texto escrito.
2. Em que é que a opinião da astróloga coincidiu com a da psicóloga?
3. O que é que a astróloga disse de importante à Daniela?
4. Por que razão é que a astrologia tem cada vez mais adesão?
5. Que conselhos especiais lhe deu a astróloga?
6. A astróloga tirou as dúvidas quanto ao futuro profissional da Daniela? Justifique a sua resposta.
7. Segundo o horóscopo seguinte, qual o carácter da Daniela?
8. Que qualidades é que você aprecia mais numa pessoa?
9. Qual o seu dia de anos e o seu signo?
10. A partir do horóscopo, faça as correcções necessárias para fazer o seu retrato psicológico.

Gramática e vocabulário

11. Sublinhe as formas do futuro do indicativo presentes nesta unidade.
12. Palavras cruzadas.
    1. Profissão dos que estudam.
    2. Instituição onde se guarda e gere o dinheiro.
    3. Local onde trabalham os mecânicos e se guardam os automóveis.
    4. Instituição do ensino universitário.
    5. O que se guarda no banco e serve para pagar.
    6. Local onde se presta assistência médica.
    7. Dinheiro em papel.
    8. Unidade de fabrico.
    9. Profissão do que ensina.
    10. Profissão do que vende.

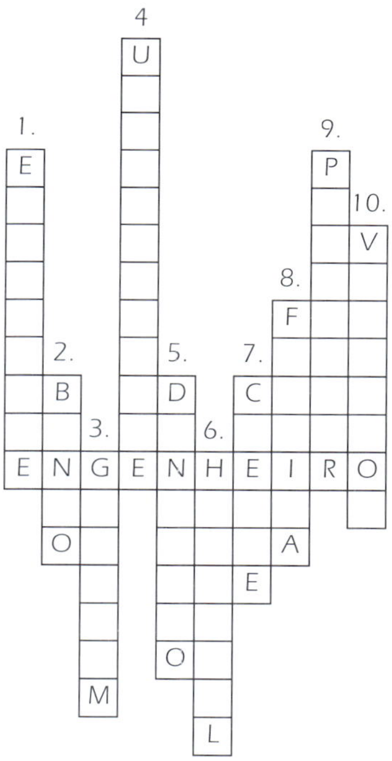

Conteúdos

morfossintácticos
– futuro simples do indicativo
lexicais
– profissões (rev.)
– locais de trabalho (rev.)
intenção comunicativa
– descrever o carácter
– apresentar uma candidatura

Ler por prazer

I.

Ouves, vês e calas
e viverás vida folgada.
A tua porta cerrarás,
O teu vizinho louvarás,
quanto podes não farás,
quanto sabes não dirás,
quanto vês não julgarás,
quanto ouves não crerás
se queres viver em paz.

D. João Manuel, *Regras para viver em paz*

13. Ponha o texto na 1.ª pessoa do singular como sendo os conselhos a dar a si próprio.

II.

Não será possível encontrar-me contigo. Não podemos falar – como o combinado – de tudo quanto havia para dizer. Hoje não. Passarão, lentas, as horas de vigília. Esperarás por mim, ouvindo os ruídos da casa grande, da tua casa cheia de evocações. E adormecerás insatisfeita.

Hélder Pacheco, *Os dias comuns*

III.

Charlie Chaplin nasceu a tantos de tal, em tal ano, em tal dia e a tais horas, em tais condições que lhe coube a sorte de ser influenciado pelo tal astro divertidíssimo.

Almada Negreiros

Astróloga e Parapsicóloga

DONA ENGRÁCIA

Ajuda a orientar-se nos momentos difíceis da sua vida. Assuntos como: Amor não correspondido, Casamento difícil, Negócios fracassados, Desemprego, Vícios, Depressão, Mal de inveja, Inimigos ocultos, Falta de realização de seus ideais, etc.

Não desespere, visite-me, pois o ajudarei no que estiver ao meu alcance.

Consultas com Tarot, Búzios e Guias de Luz

Receba grátis um Amuleto para sua protecção

Atendimento de Segunda a Sábado, das 9 às 20 horas

IV. Profissões para o século XXI

Cerca do ano 2000 nas grandes organizações o número de empregados, provavelmente, será reduzido de forma drástica, serão criadas subunidades e subcontratados muitos dos seus serviços. Os melhores profissionais serão especialistas polivalentes habilitados em gestão com capacidade de se empregarem.
Os cursos com mais saída serão os da área da Tecnologia, Ciências da Natureza, Ciências Empresariais, Medicina Veterinária e Educação Física.

Rev. *Exame*, Agosto 1993

V. Férias jovens em Portugal. Regulamento

Art.º 1: – Férias jovens em Portugal é um procedimento de iniciativas anteriores para jovens portugueses residentes no território continental e nas comunidades portuguesas no estrangeiro e para jovens naturais dos países africanos de língua oficial portuguesa. (...)
Art.º 8: 1 – Os [candidatos] interessados, residentes no estrangeiro, remeterão os boletins de inscrição directamente para o Instituto da Juventude, até ao dia 31 de Maio.
2 – Os residentes em Portugal entregarão os boletins de inscrição nos serviços regionais do I. J. ou delegações do IAECP, dos distritos em que decorre o Programa, até 18 de Junho.
3 – Todos os boletins de inscrição deverão ser acompanhados da documentação necessária (...).

14. Normalmente, os regulamentos dos concursos utilizam verbos no futuro do indicativo.
Escreva um texto (15 linhas aproximadamente) com um regulamento muito simples de um concurso. Indique:
1.° A entidade que o promove (quem) e o tipo de iniciativa (o quê).
2.° O objectivo do concurso (desenvolver, promover, etc.).
3.° A quem se destina (estudantes, empresários, escritores).
4.° Prémios (dinheiro, viagens, livros...).
5.° Prazos.
6.° ...
Verbos: ser, propor, poder concorrer, dever apresentar.

Simulação, «jeu de rôle», «sketch»

15. Em seguida, «dramatize» a situação criada por escrito.
– Uma personagem é o candidato que faz perguntas e discorda do regulamento, das condições quanto à idade, habilitações, etc., prémios, prazos. Protesta com:
– A outra personagem, que é um funcionário paciente da instituição.

PORTUG-06

HMMMM!...
VIVERÁS MUITOS, MUITOS ANOS!
MEU DEUS, COMO O TEMPO PASSA DEPRESSA!

Quino

16. • Qual é a sua data de nascimento?
• Indique o seu signo do zodíaco e verifique se corresponde à sua própria personalidade.
• Descreva a sua personalidade ou de alguém seu amigo.

Capricórnio (21.12 – 19.1)

Persuasivos, leais e românticos têm também um forte sentido das realidades. Procuram incansavelmente o progresso e conseguem com paciência o que se propõem alcançar, mas nem sempre sabem defender-se dos ataques ou da falsidade dos outros.

Aquário (20.1 – 18.2)

Demonstram auto-domínio e disponibilidade. Sentem-se bem em ambientes artísticos, gostam de inovação e detestam compromissos contra-vontade. Equilibram razão e sensibilidade.

Peixes (19.2 – 20.3)

De natureza apaixonada e artística são por vezes ilógicos. São ainda compreensivos e com sentido agudo da responsabilidade. Sendo muito altruistas vêem-se por vezes em situação difícil por causa de ajudar os amigos.

Carneiro (21.3 – 20.4)

Dinâmicos, são por vezes excessivamente sinceros ou frontais. São muito criativos e dão grande valor à imaginação e expressão artística. Corajosos e determinados não aprendem com a experiência.

Touro (21.4 – 20.5)

São impulsivos, possessivos e por isso dificilmente renunciam ao que adquiriram. São também generosos e afectivos e tornam-se coléricos quando não conseguem o que querem.

Gémeos (21.5 – 21.6)

De grande curiosidade e energia são geralmente profissionais exigentes e sensatos, embora às vezes superficiais. Como têm grande vitalidade desenvolvem actividade física que lhes dá equilíbrio e tranquilidade.

Caranguejo (22.6 – 22.7)

Melancólicos, tímidos e sensíveis fecham-se ao mundo que os rodeia Necessitam de associar a fidelidade e a paixão para se sentirem mais felizes. Só são indiferentes aparentemente e para se defenderem

Leão (23.7 – 22.8)

De temperamento autoritário e generoso têm também espírito de iniciativa. Procuram rodear-se de bons amigos porque gostam de comunicar em trabalho ou em família e de forma organizada.

Virgem (23.8 – 22.9)

Como são muitas vezes perfeccionistas e susceptíveis, dão demasiada importância a pequenas contrariedades ou críticas. Deverão ser metódicos e ponderados para diminuir os excessos ou desorganização e permitir o desenvolvimento da criatividade.

Balança (23.9 – 22.10)

Os nativos deste signo são normalmente trabalhadores incansáveis, dotados de grande diplomacia e tolerância. Gostam de pensar nas vantagens e desvantagens nos diversos domínios da vida afectiva e profissional, sendo portanto bons conselheiros.

Escorpião (23.10 – 21.11)

Sendo enérgicos e ambiciosos adoram as mudanças de todo o tipo. São ainda dotados de (excessivo) espírito crítico o que dificulta a sua integração nos grupos de trabalho.

Sagitário (22.11 – 20.12)

Muito autónomos e aventureiros, adoram viajar para destinos exóticos e viver experiências diferentes. De espírito inquieto deverão aumentar o seu sentido de objectividade e ponderação.

15

VENHO RESPONDER AO ANÚNCIO

O Martin vê uma oportunidade de empregar os seus talentos no teatro. Será que a astróloga tem razão e será ele o "grande actor" da vida da Daniela? Cheio de dupla esperança vai responder a este anúncio.

REALIZADOR PROCURA D. AFONSO HENRIQUES

AUDIÇÃO: – Dia 14, Quarta-Feira, 14 horas,
R. Damasceno Monteiro, 3 D, Telef. 218883877

PERFIL: – 18-30 anos, 1,75 a 1,90 m, porte atlético, boa expressão corporal.

JÚRI: – João Aguiar (escritor), José Carlos de Oliveira (realizador), Seruca Salgado (RTP), Rosa Lobato Faria (actriz) e Raul Barbosa (produtor)

Depois de vários telefonemas, sorrisos, secretárias e cigarros, consegue uma entrevista.

Martin — Bom-dia, venho responder ao anúncio do «Diário».

Entrevistador — Há várias possibilidades. Qual é a sua proposta?

Martin — Queria ser Afonso Henriques. É para a televisão, não é?

Entrevistador — É, é. Qual é o seu perfil?

Martin — Sou muito voluntarioso e determinado como o D. Afonso Henriques. Tenho espírito de liderança, sei esgrima e andar a cavalo. Gosto de relações públicas. Estou no último ano do Conservatório. No mês passado desempenhei o papel de Sancho Pança. Sei falar várias línguas. Estudei toda a História de Portugal, em especial a época da fundação da nacionalidade portuguesa.

Entrevistador — Vejo que está muito interessado mas quanto ao seu aspecto físico e ao «porte atlético»...

Martin — Estou muito gordo porque acabo de desempenhar o papel de Sancho Pança há quinze (15) dias, aliás, com bastante êxito. Neste caso, trata-se de um programa cómico ou sério?

Entrevistador — É para um programa cómico. Não é um trabalho fixo, mas temporário, como calcula. Mas, olhe, preencha a ficha e venha cá dentro de 15 dias com menos alguns quilos. Haverá uma audição. Telefone-me a marcar.

Martin — Está certo. Penso que gostará do meu trabalho.

Entrevistador — Espero que sim. Bom-dia e até breve.

Martin — Obrigado e até breve.

Conteúdos

morfossintácticos
- conjunções coordenativas
- imperativo (sensibilização)

intenção comunicativa
- argumentar uma candidatura

Questionário

Compreensão do texto

1. O que pretende o Martin?

2. Que argumentação apresenta ele a seu favor para convencer o entrevistador?

3. Que reservas apresenta o entrevistador?

4. O Martin consegue o trabalho na televisão? Copie do texto as frases que lhe permitiram dar a resposta.

5. Consulte e descodifique a lista de siglas seguintes:

R.T.P — Rádio Televisão Portuguesa
C.P. — Caminhos de Ferro Portugueses
T.A.P. —Transportes Aéreos Portugueses
C.G.D. — Caixa Geral de Depósitos
T.p.c. — Trabalho para casa
O.N.U. C.E. O.T.A.N. S.I.D.A. E.U.A.

Gramática

6. Sublinhe os verbos do texto que estão no imperativo.

7. Quem trabalha onde?

Complete:
Um actor trabalha no _______.
Um professor _________na _______.
Um ___________ trabalha no hospital .
Uma telefonista ___________nos ___________.
Um cozinheiro trabalha no ___________.
Um desempregado ____ ___________.

8. Complete as frases através de conjunções coordenativas.
(Ver apêndice gramatical).

1. Copulativas.

Ele sabe línguas ___ gosta de relações públicas. O Martin quer ser actor _____ vai fazer de Sancho Pança _____ prepara-se para o papel de D. Afonso Henriques. Ele estuda o texto _____ faz ensaios. Para fazer dieta, não come arroz, _____ bebe álcool.

2. Adversativas

O Martin está gordo ______ vai ficar magro.
Tem esperança na entrevista, ________ há muitos candidatos.
Hoje está Sol ______já choveu. Estou cansado ______ vou trabalhar.

3. Disjuntivas ou alternativas

O Martin ______ continua no teatro, ______ começa no cinema. Ser ____ não ser; eis a questão!
______ faço eu o jantar ______ fazes tu, está bem?
Eu escrevo-te, _______ telefono-te.

4. Conclusivas

O Martin quer ser actor, _____ estuda teatro. Ele tem espírito de liderança, _____ é voluntarioso. Está muito frio, _____ fecha a janela.

9. Considere os seguintes anúncios e repare na linguagem sintética e convincente que apresentam.

1. **Escreva** uma pequena carta de resposta a um anúncio à sua escolha.
2. **Escreva** você próprio um anúncio a oferecer o seu trabalho.

ANÚNCIO

DESENHADOR

Empresa sediada em Cascais, admite desenhador c/ **conhecimentos de Autocad**, para admissão imediata.

Resp. c/ «curriculum viate» p/ Praça Dr. Francisco Sá Carneiro, nº 8 – 1º Dtº 2750 CASCAIS

amadora CIDADE DA PAZ

- AVISO -

ECONOMISTAS

(m/f)

Pretende a Câmara Municipal da Amadora, através de requisição ou transferência,

ENGENHEIRO

(m/f)

Para funções técnico-comerciais, admite empresa de recolha e tratamento de lixos e resíduos industriais. Resposta com currículo para:

Apart. 3083 – 1302 LISBOA Codex

Pasteur

Pretende admitir para a sua sede em Lisboa um

DELEGADO ESPECIALISTA

(m/f)

Com o seguinte perfil:

- Responsável e dinâmico
- Vocação para as vendas

VAGA A CONCURSO DE PROFESSOR EDUCAÇÃO MUSICAL

DIRECTOR DE MARKETING

(m/f)

Procura-se para firma produtora de embalagens em plásticos na margem sul, com um volume de vendas aprox. 1 milhão de contos, com experiência prática de alguns anos em vendas de artigos consumíveis, preferência pessoa com curso superior, indispensável saber falar e escrever perfeitamente Inglês e Francês.

Só interessa pessoa muito dinâmica e com forte personalidade e que possa aceitar a responsabilidade inverte ao cargo.

Respostas com C.V. completo, foto recente e ordenado pretendido, ao Apartado 1040, 1051 LISBOA Codex.

Empresa de serviços ligada aos fundos comunitários, procura para contactos comerciais a nível de topo das empresas, em todos os distritos do país:

PROFESSORES

(part-time)

(m/f)

Se tem:

- Tempo disponível
- Mais de 3 anos de experiência profissional
- Gosto por contactos a nível de quadros de empresas
- Viatura própria.

Oferecemos:

Comissões muito atractivas

Subsídio de transporte

Enviar o currículo de vida para:

CONSELTE, Lda, Av. D. João II, nº 6 - 1º Fte. 2910 SETÚBAL

Alamo Rent A Car LICENSEE

ai GUÉRIN International

PROMOTOR DE VENDAS

(m/f)

LISBOA

Operando mundialmente uma frota superior a 160.000 viaturas a ALAMO RENT-A-CAR repre-

GESTOR DE PRODUTO (JÚNIOR)

(m/f)

Grande empresa internacional do ramo alimentar em franco crescimento no nosso País, necessita para preenchimento dos seus quadros, um Gestor de Produto Júnior que reúna as seguintes condições:

PRECISA-SE

CENTRO TECNOLÓGICO DO CALÇAD

entro Tecnológico do Calçado pretende admitir e em S. João da Madeira:

Licenciado(a) em Química

Os interessados devem enviar Curriculum Vitae

CTC – Centro Tecnológico do Calçado

Rua de Fundões - Devesa Velha - 3700 S. João da Madeira

Telef. 056-831915 - Fax: 056-832554

UNIVERSIDADE DE ÉVORA

A Universidade de Évora torna público que está aberto, pelo prazo de 20 dias a partir da data da publicação do respectivo edital no Diário da República, concurso documental para recrutamento de

1 ASSISTENTE ou ASSISTENTE ESTAGIÁRIO

para a área de Integração Económica e Economia Internacional.

Ao concurso serão admitidos candidatos que satisfaçam os requisitos do edital publicado no Diário da República (II Série) n.º 38 de 95.02.14.

MINISTÉRIO DA SAÚDE

DIRECÇÃO GERAL DA SAÚDE

HOSPITAL DISTRITAL DE ABRANTES

CONCURSO MÉDICO

(m/f)

Informam-se todos os interessados que se encontra aberto pelo prazo de **30 dias** Concurso de provimento para um lugar vago de Chefe de Serviço de Anestesiologia do Hospital Distrital de Abrantes.

(D. R., II Série, nº 33, de 3/2/95)

Hospital Distrital de Abrantes, 22 de Fevereiro de 1995

O PRESIDENTE DO CONSELHO DE ADMINISTRAÇÃO

(Dr. Luís Filipe de Moura Neves Fernandes)

Simulação, «jeu de rôle, sketch»

10. Objectivo: seleccionar um guia para uma agência de viagens ou um professor para uma escola de línguas.

Conversa com três personagens:

- Um entrevistador amável (responsável da empresa)
- A secretária dele muito sorridente
- O candidato muito determinado (ou muito tímido)

16

EMAGRECER DEZ (10) QUILOS?! COMO?

Não há tempo a perder. Então o Martin vai a um médico nutricionista, o Dr. Delgado, para passar de gordo a magro, com "aspecto atlético", como vinha no anúncio.
No consultório do médico:
Martin — Bom-dia, Sr. Dr. Delgado.
Médico — Bom-dia. Então qual é o seu problema?
Martin —Tenho de emagrecer 10 quilos em 15 dias para desempenhar um papel para a televisão. Como hei-de conseguir...
Médico — 10 quilos?! É para fazer de D. Quixote?
Martin — Não, não. É para fazer de D. Afonso Henriques.
Médico — Sabe, eu não faço milagres e é perigoso emagrecer tão rapidamente, mas posso aconselhar-lhe uma dieta: corte com os glícidos. Reduza os hidratos de carbono, e portanto não coma arroz, não coma doces, não beba álcool. Coma legumes, coma fruta, beba água, durma bem.
Coma um iogurte natural, 100 gramas de carne ou de peixe com legumes cozidos e ovos e coma uma laranja.
Consulte diariamente a lista de alimentos que lhe vou dar com o que deve comer ao pequeno-almoço, ao almoço, ao lanche e ao jantar. Não deve ficar muitas horas sem comer.
Como é urgente pode telefonar-me para o número que está na lista telefónica na lição 1, na página 16. Lembra-se?

Questionário

Compreensão do texto e léxico

1. Por que razão o Martin tem de emagrecer?
2. Qual a especialidade do Dr. Delgado?
3. Que alimentos não deve comer o Martin? Porquê?
4. Quais são os alimentos recomendados pelo Dr. Delgado?
5. Indique o nome de alguns artistas célebres muito gordos ou muito magros. (Ex.: Orson Welles, Vasco Santana, Mia Farrow)

Conteúdos

morfossintácticos
- imperativo regular

lexicais
- alimentação
- refeições
- corpo humano

MAPA GASTRONÓMICO

6. Quais são as suas refeições e os seus pratos preferidos?

7. Quais os pratos desta lista que são tipicamente portugueses?

Leitão da Bairrada	Pizza
Bacalhau com todos	Cozido das furnas
«Hamburguer»	Boroa
Tripas à moda do Porto	Mousse de chocolate
Carne de porco à alentejana	Pudim francês
Cozido à portuguesa	Queijo da serra
Caldo verde	Iogurte
Sardinhas assadas	Bolo madeirense

8. Para si, qual é a zona de Portugal mais "apetitosa"? Utilize os pontos de referência: Norte, Centro, Sul, litoral, interior. Consulte este curioso mapa gastronómico de Portugal e escreva o nome das regiões ou cidades.

9. Observe novamente o mapa gastronómico. A partir do exemplo, assinale onde há os seguintes produtos:

Há vinho no Norte, interior.
Há salmão_____________
Há polvo _____________
Há queijo_____________
Há anho e leitão _____________
Há frutas _____________
Há marisco e peixe _____________

Desde há vinte anos que me dedico a um lento e emocionante levantamento do património culinário português (...) Levantamento emocionante porque se revelam sabedorias seculares, usos, costumes e, sobretudo, imaginação que nos fazem sentir o pulsar de uma vida, de uma região, de um país.

Maria de Lurdes Modesto, *Cozinha Tradicional Portugesa*

10. Ponha no **imperativo**: consulte a lição seguinte e o apêndice gramatical.

1. Coma legumes.

___________ grelhados.
Luísa e João, ___________ (beber) água.
Gordos, ___________ (emagrecer).
Nervosos, ___________ (dormir).
Elegantes, ___________ (não engordar).
Estudantes, ___________ (estudar).
Meninos, ___________ (calar-se).

Ler por prazer

I. Dobrada à moda do Porto

Um dia, num restaurante, fora do espaço e do tempo,
Serviram-me o amor como dobrada fria.
Disse delicadamente ao missionário da cozinha
Que a preferia quente,
Que a dobrada (e era à moda do Porto) nunca se come fria.
Impacientaram-se comigo.
Nunca se pode ter razão, nem num restaurante.
Não comi, não pedi outra coisa, paguei a conta.
E vim passear para toda a rua.
Quem sabe o que isto quer dizer?
(...)

Fernando Pessoa

11. De acordo com o texto I, complete o pequeno diálogo entre o narrador-poeta e o empregado imaginário:

Cliente – Queria __________ _____ ________ do Porto, por _________.
Empregado – Sim, senhor. Não demora nada.
Passados alguns minutos.
Empregado – Aqui _______. Bom ___________!
Cliente – Mas a ___________ ________ fria! ____ prefiro a dobrada _________. É um prato que _______ se come ________.
Empregado – O senhor não tem razão, mas quer outra coisa?
Cliente – Não, não, só _______ a conta.

12. Onde pôr, no corpo humano, as seguintes peças de vestuário?
O chapéu / os sapatos / as calças / os óculos / as luvas.

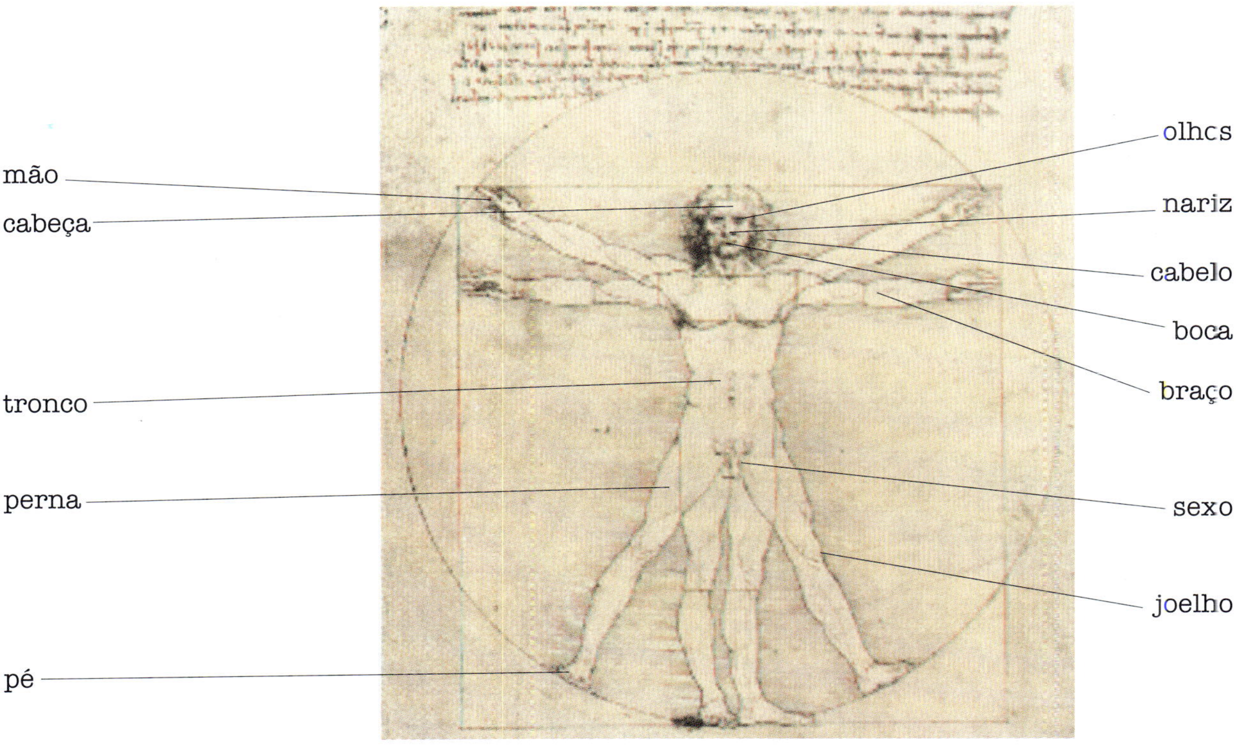

17

DESPACHA-TE, HÁ IMENSO TRABALHO!

A Daniela vai fazer vinte e um anos e as amigas, a Ana, a Astrid e a Mariana vão dar uma festa-surpresa. Convidam cerca de vinte amigos. Vão organizar a festa com fantasias e por multas, mas mesmo assim há imenso trabalho.
Ana — Astrid, despacha-te! Vai ao supermercado e faz as compras da lista que está aí. Não tragas bebidas nem bolos porque os convidados trazem. Traz flores, não te esqueças das velas para o bolo de anos, põe gasolina no carro, vem depressa, despacha-te. Passa em casa da Mariana para trazer a prenda mas não fiquem na conversa.
À saída do supermercado, a Astrid encontra o Martin com o carrinho vazio, acabando de fazer compras para a sua dieta de emagrecimento.
Astrid — Olá, Martin viva! Ainda não estás magro mas não faz mal. Vem à festa de anos da Daniela, não faltes e começas amanhã a dieta!
A vantagem do Martin é que a conta dele era magra. Pagou com uma nota de 20 euros e ainda recebeu 3,54 euros de troco. Ao contrário, a Astrid gastou 187,05 euros que pagou em cheque.
Mas a festa promete e eles pensam na fantasia que hão-de levar.

Questionário

Compreensão do texto

1. Porque é que a Ana, a Astrid e a Mariana estão tão atarefadas?

2. Quantos anos faz a Daniela?

3. Quantos amigos convida?

4. Onde é que a Astrid vai às compras?

5. Que meio de transporte utiliza?

6. Quanto gastou o Martin nas compras? E a Astrid?

7. Como pagam?

Gramática e léxico

8. Complete com os verbos **dizer, fazer, trazer**, no presente do indicativo:

Eu não só prometo mas também ______ (fazer) o que _______ (dizer).
Para a festa, tu _____ (dizer) o que eu ______ (trazer) ou o que eu ______ (fazer).
Tu ______ (trazer) o bolo ou _______ (fazer) a salada de frutas.
No aeroporto, os passageiros ________ (dizer) o que _______ (trazer) na bagagem.
No tribunal, ele ____ (fazer) mal se não _____ (dizer) a verdade.

Conteúdos

morfossintácticos
– verbos dizer, fazer, trazer (presente indicativo)
– imperativo irregular
– discurso indirecto
lexicais
– alimentação (cont.)
intenção comunicativa
– exprimir-se numa situação de compra
– exprimir ordens
– agradecer por escrito um presente

9. O **imperativo** é difícil. Consulte o Apêndice Gramatical.

Preencha o seguinte esquema:

Forma no **Infinitivo**	Forma no **Imperativo** tratamento por **tu** na forma afirmativa	Forma no **Conjuntivo** tratamento por tu na negativa por **você(s)** afirm. e neg. no plural e na forma negativa
ir	vai	vá/vão/não vás
ficar	fica	fique(m)/____________
esquecer-se	esquece-te	esqueça(m)-se/____________
trazer	traz	traga(m)/____________
vir	____________	____________ não venhas
pôr	____________	ponha(m)/não ponhas

10. Passe para o **discurso indirecto** as recomendações da Ana à Astrid.

Despacha-te! Vai ao supermercado, faz as compras, não tragas bebidas, traz flores... não fiquem na conversa.

11. Ponha no **discurso directo** as duas falas da mãe e as duas falas do pai do Nicolas em itálico no texto:

"...A mamã pôs-se a gritar que *sempre que a mãe dela fazia qualquer coisa o papá arranjava coisas para dizer* e o papá disse que *queria tomar ao menos o café sossegado* e a mamã disse-lhe que *é claro que ela só servia para arranjar o pequeno-almoço e arrumar a casa* e o papá disse-lhe que *ele nunca tinha dito isso mas que não era demais querer um pouco de paz em casa, ele que trabalhava tanto...*"

Sempé & Gosciny, traduzido de *Le Petit Nicolas*

12. Alimentação (cont.)

Aqui está uma parte da lista das compras do supermercado para a festa de anos da Daniela. Faça uma lista de oito coisas para a sua festa. Faça a correspondência entre a coluna da esquerda (quantidades) e a coluna da direita (produtos).

5 garrafas		leite
7 litros		ovos
2 dúzias		cerveja
4 latas		fiambre
3 caixas		aperitivos e bolachas
800 gr	de	batatas fritas
4 pacotes		ananás
1 molho		cebolas
3 quilos		couves
1 frasco		laranjas
1 saco		carne
		ketchup

13. Faça um **diálogo** passado numa mercearia onde você vai comprar alguns destes produtos. Não se esqueça de cumprimentar, pedir o que quer, pagar, despedir-se. Consulte os «Actos da fala».

14. Leia a receita «Frango com vinagre» e preencha os espaços em branco da segunda receita, experimente-a e, por último, coma-a. Bom apetite!

Utilize os verbos da lista seguinte mantendo a ordem. (Misturar, retirar, cortar, colocar, tapar, atravessar, levar.)

Carne

FRANGO COM VINAGRE
(4 pessoas)

$

1 frango
2 dl de vinagre de vinho
1 dl de caldo de aves
4 colheres de sopa de azeite
2 tomates pelados
6 dentes de alho
sal, pimenta

Corte o frango em pedaços e tempere com sal e pimenta. Aqueça o azeite e doure bem o frango de ambos os lados. Junte o tomate. Retire o frango, acrescente o vinagre e deixe levantar fervura.

Acrescente o caldo e os alhos picados. Misture bem. Volte a acrescentar o frango e deixe acabar de cozinhar.

Sirva com batatas fritas.

Sobremesa

MAÇÃS ASSADAS RECHEADAS
(4 pessoas)

$

4 maçãs golden
1 colher de sopa de mel
50 g de nozes picadas
1 colher de sopa de manteiga sem sal
1 pau de canela

_____ e a manteiga, o mel e as nozes picadas até formar uma pasta. Com o descaroçador _____ o centro das maçãs e _______ ao meio no sentido transversal. _______ uma camada da mistura de nozes e mel em cada uma delas. _____ com a outra metade e _________ com o pau de canela.

_______ ao forno a assar num tabuleiro com um pouco de água no fundo.

15. No fim da festa, a Sterre olha para as prendas, muito satisfeita. Regista-as erradamente no seu diário para vos confundir. Querem corrigi-la?

um disco de ouro
uma carta de Beethoven
umas calças de aniversário
um bilhete de licra
um bolo de amor
um anel de cinema
um saco de parabéns
uma caixa de pele
um telegrama de chocolates
uma caixa com cães

16. Escreva duas frases sobre o consumo do tabaco e do álcool. Compare-as com as correspondentes na sua própria língua.

17. Aqui está a prenda dos 21 anos que o Claude mandou à Daniela.

Escreva uma pequena carta da Sterre para agradecer este presente tão especial.

Ler por prazer

I. A minha vida

Semeio trigo, cevada e aveia
Semeio favas, milho e grão,
Semeio batatas, couves e alfaces,
Tomates, cenouras e agrião.

Semeio repolho, nabo e nabiça
ervilhas, salsa e pimento
espinafres e toda a hortaliça
quando estiver no tempo (...)

Bento Ramalho, *Poesia popular da Serra da Estrela*

18. Conte em voz alta o número de produtos da poesia.
Quais gosta mais de comer?

19. Sublinhe os imperativos dos verbos nas seguintes frases e textos:

II. Não deixes para amanhã o que podes fazer hoje.
Nunca digas desta água não beberei.

Provérbios populares

Não deixem morrer as palavras. — José Gomes Ferreira

Põe na mão de Gutenberg a chave do cofre das ciências. — Castilho

III.

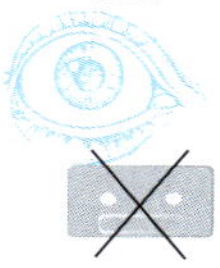

Nunca fies, nem perfies,
nem a outro injuries,
não fiques muito na praça,
nem te rias de quem passa,
que seja teu tudo o que vestes (...)

D. João Manuel, *Regra para viver em paz*

IV. Tenham cautela, não vos faça mal
que é o livro mais triste que existe em Portugal.

António Nobre, *Só*

V. Foi então que, do outro lado da mesa, uma voz insinuante e metálica me disse no silêncio: – Vamos, Teodoro, meu amigo, estenda a mão, toque a campainha, seja forte.

Eça de Queirós, *O Mandarim*

VI. Não me venham com conclusões!
A única conclusão é morrer.
Não me tragam estéticas!
Não me falem em moral!
Tirem-me daqui a metafísica!
Não me apregoem sistemas complexos, não me enfileirem conquistas...

Álvaro de Campos, heterónimo de Fernando Pessoa, *Lisbon Revisited*

PORTUG-07

18

A FESTA DE ANOS COM FANTASIAS

A festa-surpresa da Daniela foi um sucesso! Decidiram fantasiar-se como no Carnaval. Houve um concurso com prémios, júri e medalhas.

A Daniela quis ir de bruxa e ganhou o prémio de efeitos especiais. Comprou um chapéu, um vestido vermelho, arranjou um casaco, umas botas velhas e umas meias verdes, e conseguiu encontrar umas caveiras e morcegos. Uma colega da escola das artes fez-lhe uma máscara horrorosa e ficou irreconhecível. Parecia uma personagem do Drácula. Vejam só a maqueta do fato.

A Astrid disfarçou-se de bruxa também.

O Jorge, um amigo deles, vestiu-se de travesti e pôs um vestido antigo que a avó lhe emprestou.

O Fred disfarçou-se de Jonh Lennon com óculos iguais aos do Ricardo que apareceu como o Fernando Pessoa. As roupas eram tão variadas como as personagens.

Cantaram todos "os parabéns a você" e a Daniela, muito satisfeita, apagou as vinte e uma velas do bolo de anos.

Depois percorreram as casas de alguns amigos que se riram imenso e ficaram a combinar uma viagem no Carnaval a Veneza para ver aquele ambiente magnífico de festa.

Questionário

Compreensão do texto

1. Em que consistiu a festa de anos da Daniela?

2. Qual foi o prémio da Daniela? Porquê?

3. De que se disfarçaram a Astrid, o Jorge, o Fred e o Ricardo?

4. Que elementos permitem reconhecer as diferentes personagens da imagem?

5. E você, já alguma vez se fantasiou? De quê? Quando?

6. Em que dia é que você faz anos, isto é, em que dia é que você chegou "de cegonha" à Terra? Conte um dia de aniversário, especial ou... não. Utilize 7 a 10 verbos no pretérito perfeito do indicativo.

Conteúdos

morfossintácticos
– pretérito perfeito simples (irregular)
lexicais
– vestuário

Gramática e vocabulário

7. Pretérito perfeito

Também a Mafalda se interessa por viagens. Complete a fala da Susaninha com os verbos adequados (trazer, fazer, partir, deixar, dar) no pretérito perfeito do indicativo.

8. Imagine que você também partiu de viagem. A sua mãe faz-lhe um telefonema-relâmpago para saber notícias. Empregue a 2.ª pessoa do singular no pretérito perfeito.

— Olá! (Chegar) __________ bem? (Fazer) __________ boa viagem? (Conseguir) __________dormir? O que já (ver) __________? Onde já (ir) ________?

9. A propósito de viagens, tem aqui um pouco da História de Portugal para falar do passado. Ponha os verbos assinalados entre parêntesis no pretérito perfeito do indicativo:

Vasco da Gama __________ (descobrir) o caminho marítimo para a Índia, onde _________ (chegar) em 1498.

(Ser) _________ muito bem recebido em Melinde, onde (ter) _________ uma calorosa recepção. (Haver) _________ trocas comerciais: (levar) _________ para lá produtos e (trazer) _________ de lá outros. Para lá (ir) _________ os primeiros emigrantes e de lá (vir) _________ os primeiros indianos.

10. Eis uma minibiografia da pintora Vieira da Silva. Reescreva-a no pretérito perfeito.

Maria Helena Vieira da Silva nasce em Lisboa em 1908. Cresce no meio de livros e ainda jovem parte para Paris onde conhece o pintor húngaro Arpad Szenes com quem vem a casar. Recebe influências de Torrès Garcia e ela própria dá um grande contributo à pintura moderna. Morre em Paris em 1992 e deixa uma doação de cerca de trinta obras ao Museu de Arte Moderna do Centro Georges Pompidou.

11. Na festa de anos da Daniela, os convidados falam uns com os outros.
Ponha no discurso indirecto os balões de fala da imagem.

Ler por prazer

I. "A Máscara"

Parei
Espreitei
Entrei
Comprei

Saí
Subi
Abri
Sorri

Peguei
Coloquei
Ajeitei

Desci
Apareci
Rugi
E fugi

Um leão?
Que aflição!
Mas não,
É o João.

M. Alberta Menéres

12. Indique o infinitivo dos 15 verbos presentes no texto que aliás estão todos na 1.ª pessoa do pretérito perfeito do indicativo.
Ponha a 1.ª estrofe na 2.ª pessoa; a 2.ª estrofe na 3.ª pessoa do singular; a 3.ª estrofe na 1.ª pessoa do plural; a 4.ª estrofe na 3.ª pessoa do plural.

13. Reconstitua o texto seguinte:

II. Não tinha importância! O importante era ter saído daquele mundo. Cansada — a aventura e as emoções também cansam — resolveu dormir um sono. Embrulhou-se na sua capa, escolheu uma nuvem fofa e deitou-se ao lado da vassourinha. E só acordou manhã alta já com sol. Ah! Depois daquelas trevas era maravilhoso. A bruxinha pôs-se a esfregar os olhos para ver se estava bem acordada e se tudo aquilo não era um sonho. Que claridade dourada e quente! E como o céu era vasto...

Luísa Dacosta, *História com Recadinho*

III. Charlot

Pus umas calças muito largas, umas botas muito grandes, bengala e chapéu de coco. Queria tudo em contradição: as calças largas e o casaco apertado, o chapéu muito pequeno e as botas enormes. Não sabia se havia de parecer velho ou novo, mas pus um bigodinho que, discorria eu, me daria mais alguns anos, sem esconder a expressão.
Não fazia ideia do tipo de personagem que ia representar. Mas a partir do momento em que me vi vestido, o fato e a maquilhagem fizeram-me sentir o que ele era.

Charlie Chaplin, *Autobiografia*

IV.

E o Búzio, sem pressa, puxou os cordões, abriu o saco, tornou a atar o saco, prendeu-o no pau e seguiu com o seu cão.

Sophia de Mello Breyner, *Contos Exemplares*

Parabéns a você

Parabéns a você
Parabéns a você
No seu aniversário
Seja muito feliz

Tenha sempre de bom
Do que a vida contém
Tenha muita saúde
E amigos também

Hoje é dia de festa
Cantam as nossas almas
Ao menino (nome)
Uma salva de palmas.

V. Soneto de separação

De repente, do riso fez-se o pranto
Silencioso e branco como a bruma
E das bocas unidas, fez-se a espuma
E das mãos espalmadas, fez-se o espanto.

De repente, da calma fez-se o vento
Que dos olhos desfez a última chama
E da paixão fez-se o pressentimento
E do momento imóvel fez-se o drama.

De repente, não mais que de repente,
Fez-se de triste o que se fez amante
E de sozinho o que se fez contente.

Fez-se do amigo próximo, o distante
Fez-se da vida, uma aventura errante,
De repente, não mais que de repente.

Vinicius de Moraes (brasileiro)

VI. Lambada (canção brasileira)

Chorando se foi quem um dia só me fez chorar.
Chorando estará ao lembrar de um amor
que um dia não soube cuidar.
A recordação vai estar com ele aonde for
A recordação vai estar para sempre aonde ele for.
Dança, sol e mar, guardarei no olhar
O amor faz perder e encontrar.
Lambando estarei ao lembrar desse amor
Por um dia, um instante, foi rei.
A recordação vai estar com ele aonde for
A recordação vai estar para sempre aonde ele for
Chorando estará ao lembrar de um amor
Que um dia não soube cuidar
Canção, riso e dor, melodia de amor
Um momento que fica no ar
Ai, ai, ai, dançando a lambada

14. Conhece o jogo surrealista do «Cadavre exquis»?

É baseado no que fazia o grupo de artistas surrealistas André Breton, T. Tzara, etc., em França (cerca de 1920).

A seguinte frase **«Un cadavre exquis boira du vin nouveau»** deu o nome ao «jogo» que continua a ser utilizado actualmente.

Instruções:

Pegue numa folha em branco. Escreva um substantivo que funciona como sujeito (grupo 1).
Dobre a folha, tapando o que escreveu. Passe ao colega do lado que escreve um adjectivo (grupo 2).
Tape, dobre e passe ao colega que escreve um verbo transitivo / predicado (grupo 3).
Tape, dobre e passe ao colega que escreve um substantivo / complemento directo (grupo 1).
E assim por diante em relação ao complemento de tempo e de lugar (grupos 4 e 5).
A frase deverá estar correcta gramaticalmente, mas ilógica. Pode enriquecer a proposta com outro vocabulário e funções sintácticas.
Repare no exemplo:

1	2	3	4	2
UN CADAVRE	EXQUIS	BOIRA	DU VIN	NOUVEAU…
(nome)	(adj.)	(verbo)	(nome)	(adj.)

Grupo 1 – Determinantes + Substantivos — Sujeito ou Complemento Directo

Um homem	A polícia	O mundo	Napoleão
Este rinoceronte	Toda a gente	Um(a) professor(a)	Ninguém
O amor	Aquela mulher	O meu carro	Um Jaguar
A verdade	Toda a sopa	O país	Aquele presidente
(…)			

Grupo 2 – Adjectivos

(in)diferente	excelente	enorme	simpático	muito giro
sedutor	ridículo	impecável	(des)agradável	louco
gigante	transparente	desorbitado	riquíssimo	saboroso
superelegante	(in)suportável	velhíssimo	fantástico	estúpido
(…)				

Grupo 3 – Verbos transitivos = predicado

deu	disse	encontrou	declarou	interrogou	pôs
viu	trouxe	abriu	vendeu	comprou	cantou
seduziu	amou	negou	adorou	detestou	fez
soube	devorou	quis	leu	assassinou	convidou
(…)					

Grupo 4 – Locuções de tempo

à meia-noite	no Verão	cedíssimo	tarde	durante o exame
(…)				

Grupo 5 – Locuções de lugar

na banheira	em casa	nas nuvens	debaixo da mesa	perto
detrás da árvore	dentro do bolso	ao fundo da rua	diante do espelho	longíssimo
(…)				

19

A QUEIMA DAS FITAS

O ano lectivo está quase a acabar. O Martin, que está a fazer o Erasmus em Lisboa — lembram-se? —, quer ir a Coimbra ver a Queima das Fitas.
É uma festa de estudantes do ensino superior com séculos de tradição, especialmente em Coimbra, e este ano, mais uma vez, calha na primeira semana de Maio.
Durante uma semana é uma verdadeira loucura e toda a cidade se enche de cores. No cortejo, que é divertidíssimo, desfilam alguns milhares de alunos, caricaturam-se as instituições, os professores, o Governo, etc. Os fatos (trajes) são pretos, clássicos, com uma capa e cada curso tem a(s) sua(s) própria(s) cor(es). Os pré-finalistas usam fitas e os finalistas usam cartola e bengala na cor apropriada.
O Martin aderiu ao programa e foi ver o máximo de actividades: há bailes, cortejo, concertos variados, jantares, e até touradas em que os touros são vacas e os toureiros são estudantes. Quase todas as cidades têm a sua Queima; as mais explosivas são em Coimbra, no Porto e em Braga. Depois de tanta "farra" e de uma semana sem dormir, o Martin precisa de outra semana para descansar...
E para o mês de Junho esperam-no as festas dos santos populares: o Santo António, o S. João e o S. Pedro, em muitos pontos do país.

Questionário

1. Onde, quando e porquê quer ir o Martin?
2. O que é a "Queima"? Dê pormenores.
3. Como se distinguem os diferentes cursos e os finalistas dos pré-finalistas?
4. Qual é o espírito do cortejo?
5. Na sua própria faculdade que festas de estudantes há? Em que consistem?
6. Como é o ambiente habitual das festas de estudantes?

Faculdade de Direito de Coimbra, «berço» da Queima das Fitas.

Conteúdos

civilizacionais
– Queima das Fitas

1

Amores de Estudante

Tango

Letra de
Dr. Paulo Pombo

Musica de
Aureliano Fonseca

2

I

São como as rosas dum dia
os amores de estudante
que o vento logo levou.
Pétalas emurchecidas
deixam no ar o perfume
dum sonho que se sonhou.

Capas negras de estudantes
são como asas de andorinhas
enquanto dura o Verão:
Palpitam, sonham uns instantes,
aninhadas nos beirais
do Palácio da Ilusão!

Refrão

Quero
ficar sempre estudante,
pra eternizar
a ilusão dum instante.
E, sendo assim,
o meu sonho de amor
será sempre rezado
baixinho dentro de mim.

II

Os amores de estudante
são franjas de ondas do mar
que os ventos logo varreram.
Enchem a vida uns instantes,
logo descem, depois morrem,
mal se sabe se nasceram!

Mocidade, oh mocidade,
louca, ingénua, generosa
e faminta de ilusão,
que nunca sabe os motivos
de quanto queira o capricho
ou lhe diga o coração!...

Paulo Pombo

Ler por prazer

I.

Dai-me duas ou três cores
para pintar o Verão,
verde violeta azul,
ou branco,
o branco despido,
o deserto das ruas,
cheirando ao vento do rio.

Eugénio de Andrade, *Escrita da Terra*

Antero de Quental

II. Em Coimbra, uma noite, noite macia de Abril ou Maio, atravessando lentamente com as minhas sebentas o largo da feira, avistei sobre as escadarias da Sé Nova, romanticamente batidas pela lua, que nesse tempo ainda era romântica, um homem de pé, que improvisava.

A sua face... a barba... reluziam. A capa apenas presa por uma ponta rojava para trás, largamente, negra, nas lajes brancas, em pregas de imagem.

E, sentados nos degraus da Igreja, outros homens, embuçados, sombras imóveis sobre as cantarias claras, escutavam, em silêncio, como discípulos.

– É o Antero !

(...) Então, perante este cais onde os escravos eram mais gloriosamente acolhidos que os doutores, destracei a capa, também me sentei no degrau, quase aos pés de Antero que improvisava, a escutar como um discípulo. E para sempre assim me conservei na vida.

Eça de Queirós, *Notas prévias*

III. O Conselho das Comunidades Europeias adoptou, em 15 de Junho de 1987, o programa de acção da Comunidade Europeia em matéria de Mobilidade de Estudantes – Erasmus. (...)

No contexto do Programa Erasmus, o termo "Universidade" engloba todos os tipos de estabelecimentos de ensino superior (...). Os auxílios financeiros do Programa Erasmus destinam-se a promover a cooperação a longo prazo entre Universidades de diferentes estados membros que tenham concluído entre elas acordos interuniversitários de cooperação.

Estes acordos constituem a pedra angular da Rede Universitária Europeia.

Regulamento do Programa Erasmus

IV. Programa Leonardo

Sem pretender substituir-se às responsabilidades dos Estados-membros em matéria de formação profissional, Leonardo deseja encorajar qualidade e inovação dos sistemas nacionais. Uma formação de qualidade deve beneficiar as empresas que, através dele, poderão melhor explorar as inovações e o desenvolvimento tecnológico. Ela deve igualmente promover o acesso a novas actividades aos homens e às mulheres que adquirem novas competências e novas maneiras de trabalhar.

Programa Leonardo da Vinci

FUNDAÇÃO ARPAD SZENES – VIEIRA DA SILVA

TESTAMENTO

Eu deixo aos meus amigos

um azul-cerúleo para voar alto
um azul cobalto para a felicidade
um azul-ultramarino para estimular o espírito
um vermelhão para fazer circular o sangue alegremente
um verde-musgo para acalmar os nervos
um amarelo de ouro: riqueza
um violeta de cobalto para o sonho (...)

um ocre-amarelo para aceitar a terra
um verde-veronese para memória da Primavera...

um branco puro: pureza
um negro sumptuoso para ver Ticiano (...)

Vieira da Silva

(1908-1992)
Vieira da Silva

Trad. do francês, divulgado pela Fundação Arpad Szenes – Vieira da Silva

20
VVVRRRMMMAM!
UAU!

FÉRIAS À VISTA

Como o tempo passou depressa! As férias estão a chegar depois de um ano especialmente bom para o Claude, o Martin, a Sterre e a Daniela. Esperamos que para vocês também, estudantes de Português.
O Claude de Paris, o Denis de S. Petersburgo e a Sterre de Amsterdão conseguiram uma bolsa de Verão em Lisboa. O Martin e a Daniela querem prolongar a sua estadia em Portugal pois querem visitá-lo juntos nas férias grandes. Dispõem de dois meses. No mês de Julho frequentam o curso de Verão na Faculdade de Letras e no mês de Agosto vão percorrer Portugal de lés a lés, isto é, de uma ponta a outra ou de norte a sul, o litoral e o interior.
É bom tomar o cafezinho nas pousadas do Estado e dormir em casa de amigos ou em pousadas da juventude, onde se encontra "malta" de todo o mundo, com espírito de descoberta. Lá conhecerão a Astrid da França, o Vance Smith dos EUA e o Wang de Macau. Venham connosco!, dizem eles. Eles, que têm existência real, fizeram este programa. A viagem e deslocações em inter-rail, à boleia, nos carros de amigos e... viva a aventura.

Este programa poderá também ser o seu!
Descubra Portugal, um pequeno país de enormes contrastes, praias, montanhas e planícies, frio e calor e o intenso e inigualável cheiro a mar e horizontes com pôr do Sol.

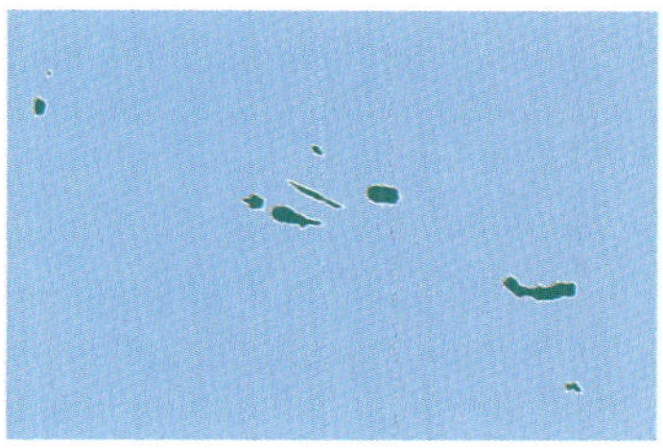

Bilhete de Identidade de Portugal

Data de nascimento – 1143
Local – Guimarães, Norte de Portugal
Nome da mãe – Lusitânia
Nome do pai – D. Afonso Henriques, filho do Conde de Borgonha
Comprimento – 561 km
Largura – 218 km
Estado civil – casado com a Europa em 1986
Sinais particulares – pequena estatura, grande diversidade.

ÍNDICE

POUSADAS DE PORTUGAL

Situadas em locais de rara beleza, as Pousadas de Portugal, oferecem ao viajante 35 destinos para descobrir as tradições e hábitos das gentes de Portugal.

Com reduzida capacidade de alojamento, permitem um acolhimento atento e um serviço personalizado. No campo gastronómico, as Pousadas desvendam-nos os segredos de uma arte milenária recriando o melhor da cozinha regional, acompanhada pelos mais genuínos vinhos portugueses.

Na tranquilidade das Pousadas de Portugal, descobrirá a maneira de viver e o sentir das cidades e aldeias deste país, restituindo-lhe o sentido da arte e do prazer de viajar.

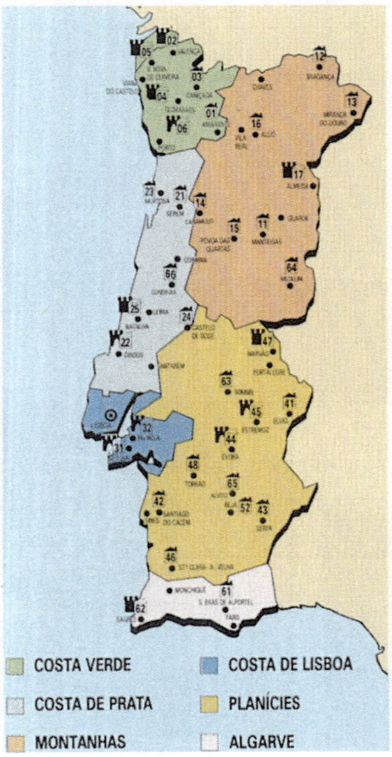

Local Mapa	Nome da Pousada	Categoria	Local
01	Pousada de São Gonçalo	B	Amarante
02	Pousada de São Teotónio	C	Valença do Minho
03	Pousada de São Bento	CS	Caniçada
04	Pousada de N. Senhora da Oliveira	CS	Guimarães
05	Pousada de D. Diniz	C	V. Nova de Cerveira
06	Pousada e Santa Marinha da Costa	CH	Guimarães
11	Pousada de São Lourenço	B	Manteigas
12	Pousada de São Bartolomeu	B	Bragança
13	Pousada de Santa Catarina	B	Miranda do Douro
14	Pousada de São Jerónimo	B	Caramulo
15	Pousada de Santa Bárbara	C	Oliveira do Hospital
16	Pousada Barão de Forrester	B	Alijó
17	Pousada Senhora das Neves	C	Almeida
21	Pousada de Santo António	B	Águeda
22	Pousada do Castelo	CH	Óbidos
23	Pousada da Ria	C	Aveiro
24	Pousada de São Pedro	C	Castelo de Bode
25	Pousada Mestre Afonso Domingues	C	Batalha
31	Pousada de São Filipe	CH	Setúbal
32	Pousada de Palmela	CH	Palmela
41	Pousada de Santa Luzia	C	Elvas
42	Pousada de São Tiago	B	Santiago do Cacém
43	Pousada de São Gens	C	Serpa
44	Pousada dos Loios	CH	Évora
45	Pousada da Rainha Santa Isabel	CH	Estremoz
46	Pousada de Santa Clara	C	Santa Clara-a-Velha
47	Pousada de Santa Maria	CS	Marvão
48	Pousada do Vale do Gaio	B	Alcácer do Sal
52	Pousada S. Francisco	CH	Beja
61	Pousada de São Brás	C	São Brás de Alportel
62	Pousada do Infante	CS	Sagres
63	Pousada de São Miguel	C	Sousel
64	Pousada de Monsanto	B	Medelim
65	Pousada Castelo do Alvito	CH	Alvito

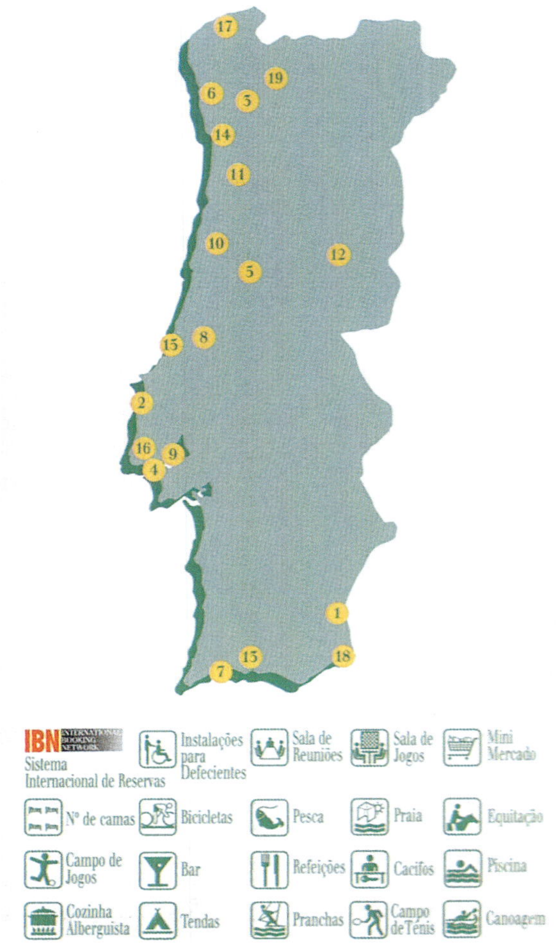

REDE NACIONAL DE POUSADAS DE JUVENTUDE

ALCOUTIM
8970 ALCOUTIM
Tel./Fax. 081.460 04

AREIA BRANCA
Praia da Areia Branca
2530 LOURINHÃ
Tel./Fax. 061.42 21 27

ANGRA DO HEROISMO
Negrito, S. Mateus
9700 ANGRA
DO HEROÍSMO
ILHA TERCEIRA
AÇORES
Tel.095.64 20 95
Fax. 095.64 20 96

BRAGA
R. de Stª. Margarida, 6
4710 BRAGA
Tel./Fax. 053.61 61 63

CATALAZETE
Estr. Marginal
(junto ao INATEL)
2780 OEIRAS
Tel./Fax. 01.443 06 38

COIMBRA
R. Henrique Seco, 14
3000 COIMBRA
Tel./Fax. 039.22 955

FOZ DO CÁVADO
Fão
4740 ESPOSENDE
Tel./Fax. 053.98 17 90

LAGOS
R. Lançarote Freitas, 50
8600 LAGOS
Tel./Fax. 082.76 19 70

LEIRIA
Lrg. Cândido dos Reis, 7D
2400 LEIRIA
Tel./Fax. 044.318 68

LISBOA
R. Andrade Corvo, 46
1050 LISBOA
Tel./Fax. 01.353 26 96

MIRA
Pousada de Juventude
Parque de Campismo
Mira
3070 MIRA
Tel./Fax. 031.47 12 75
Parque de Campismo
de Jovens
3070 MIRA
Tel./Fax. 031.47 12 75

OVAR
Av. D. Manuel I
(E.N. 327)
3880 OVAR
Tel./Fax. 056.59 18 32

PENHAS DA SAÚDE
Serra da Estrela
Penhas da Saúde
6200 COVILHÃ
Tel./Fax. 075.253 75

PORTIMÃO
Lugar do Coca
Maravilhas
8500 PORTIMÃO
Tel./Fax. 082.49 18 04

PORTO
R. Rodrigues Lobo, 98
4150 PORTO
Tel./Fax. 02.606 55 35

PONTA DELGADA
R. S. Francisco Xavier
9500 PONTA DELGADA
ILHA DE S. MIGUEL
AÇORES
Tel. 096.62 [illegible]
Fax. 096.62 [illegible]

S. MARTINHO
Estrada Nacional 8
24[illegible] ALFEIZEIRÃO
Tel./Fax. 062.9[illegible] 95 06

SINES
Estrada da Floresta
Edifício E
[illegible] SINES
Tel./Fax 069. 63 55 [illegible]

SINTRA
Santa Eufémia
[illegible] SINTRA
Tel./Fax. 01.92[illegible] 12 10

V.N. DE CERVEIRA
Lrg. [illegible] de Fevereiro 21
4920 V. N. de CERVEIRA
Tel./Fax. 051.79 61 [illegible]

V.R. de Stº. ANTÓNIO
R. Dr. Sousa Martins, 40
8900 V. R. Stº. ANTÓNIO
Tel./Fax. 081.4[illegible]

VILARINHO DAS FURNAS
Parque Nac. Gerês
S. João do Campo
4840 TERRAS DE BOURO
Tel./Fax 053.35 [illegible]

CENTRAL DE RESERVAS
CENTRAL BOOKING
Av. Duque D'Àvila, 137 - 1050 LISBOA
TEL. 01.355 90 81 - FAX. 01.352 86 21

PORTUG-08

Portug

A língua portuguesa é um mundo de artes e de funções. Em cada lugar da terra onde se conhece, ela ganha a fluidez e o canto que lhe permite durar para compor a alma nativa, para alojar a paisagem, para coroar a lenda de que foi feita.

A. Bessa-Luís, JL 22/06/94

A língua portuguesa é o veículo comum de que todos esses povos se servem para exprimir as diferentes realidades e as diferentes formas de ser e de estar no mundo com que o tempo e as nossas terras nos moldaram.

Germano de Almeida, Cabo Verde

NEIL SLAVIN

literatura e cultura

(...) Sou, por nascimento e cultura, europeu e quero continuar a sê-lo desvanecidamente. Mas que sou também brasileiro, angolano, moçambicano, goês, macaense, cabo-verdiano, guineense, timorense e cidadão de todos os mundos por nós descobertos e por descobrir, e vivo a sonhar um padrão português erguido neles em cada esquina.

Miguel Torga, *Diário XVI*

Volto sempre a Portugal como ao melhor de mim mesmo: tudo o que se liga a nomes e palavras que fui reencontrando em Lisboa, palavras da minha meninice, onde havia apenas a lembrança de uns vagos bisavós portugueses.

Alberto da Costa e Silva, ex-embaixador do Brasil

Portugal

A Pátria não é terra, não é «o bosque, o rio, o vale, a montanha, a árvore, a bonina: são-no os afectos que esses objectos nos recordam na história da vida».
E eu acrescentava ao mestre [Alexandre Herculano]: a Pátria é também o sentimento de pertencer a um espaço partilhado com quem de uma forma ou de outra nos entendemos. Com quem nos sentimos solidários. Com quem, no final de contas, nos identificamos. Com quem, falando a mesma fala, nos sentimos em família.

Hélder Pacheco, *Nós, portugueses*

NEIL SLAVIN

A primeira área demarcada é a do Norte Atlântico – das chuvas, do povoamento disperso, do milho, do pinheiro branco, dos celeiros do Minho e dos que rodeiam o Douro e o Vouga, uma unidade cultural e histórica definida pelo predomínio dos caracteres atlânticos.
No interior fica o Norte Transmontano – das paisagens de tons serenos, de altas plataformas onduladas, cortadas de vales e bacias profundos, do cultivo do centeio e da batata, do povoamento aglomerado com as aldeias fechadas nas condições comunitárias.
Por último, o Sul – com as suas casas térreas, caiadas, as chaminés, o predomínio das culturas de sequeiro, o cultivo do trigo, uma imagem plenamente mediterrânica de vegetação mais escassa e de solo magro.
(...) Há sem dúvida a noção geral da existência de dois mundos, o do Norte e o do Sul. Orlando Ribeiro dá-lhes o nome de «civilização de pedra» e «civilização do barro».

Maria Clara Saraiva
(Instituto de Investigação Científica)

Minho
Terra de verdura e de névoa; terra sem osso – chamou Miguel de Unamuno, espanhol nosso amigo, ao Minho e à Galiza. (...)
O Minho é a província dos lameiros quase desumanos. Ali, a gente e a terra fundem-se numa harmonia profunda. A vida é dura mas alegremente levada.

Vitorino Nemésio, *Viagens ao Pé da Porta*

Nordeste
Eram casas, casas onde esperavas
anos. Eram casas lentas, usadas.
Casas de coração apagado.
Eram asas. Do inverno fatigadas.

Eugénio de Andrade, *Escrita da Terra*

Porto da minha infância!
A primeira impressão que me causaste
Tenho-a, cheia de espanto, na memória,
Cheia de bruma e de granito!

Teixeira de Pascoaes, *Na Quinta*

A velha e livre cidade do Porto é muito velha no meu sangue e na minha consciência. Quanto em mim é instinto e compreensão, sabe de há muito que os valores autênticos da vida têm de ser sólidos como a Praça da Liberdade e altos como a Torre dos Clérigos.
Uma saudável consciência gregária, uma solidez de processos de conduta e relação, deram a este aglomerado humano foros de única grande cidade castiçamente nossa. O próprio mar, a torna mais nossa, mais agrária e mais comercial.
Ah! Eu gosto do Porto! (...) Nem desespero das sólidas digestões que às vezes o entorpecem.

Miguel Torga, *Portugal*

Raramente lá vou, mas sempre
que passo na cidade, junto ao rio,
é o jardim que procuro primeiro,
onde o amigo colheu há tantos anos,
para me dar, a flor de canforeira.
Coimbra é ainda essa flor,
e na memória que bem me cheira.

Eugénio de Andrade, *Escrita da Terra*

Se eu conseguia imaginar um castelo Templário, assim era **Tomar**. (...) Os Cavaleiros de Cristo tinham prosperado durante séculos naquele lugar! A tradição pretende que tanto o Infante D. Henrique como Cristóvão Colombo eram dos dele, e com efeito haviam-se dedicado à conquista dos mares – fazendo a riqueza de Portugal.

Umberto Eco, *O Pêndulo de Foucault*

Peniche
Vento
vento

Há tanto vento
Há só vento no meu país

vento branco
verde vento negro

ardente
seca as lágrimas
corta a voz na raiz.

Eugénio de Andrade, *ibid.*

O vale de **Santarém** é um destes lugares privilegiados pela natureza, sítios amenos e deleitosos em que as plantas, o ar, a situação, tudo está numa harmonia suavíssima e perfeita: não há ali nada de grandioso nem sublime, mas há como uma simetria de cores, de sons, de disposição em tudo quanto se vê e se sente, que não parece senão que a paz, a saúde, o sossego de espírito e o repouso do coração devem viver ali, reinar ali um reinado de amor e benevolência.

Almeida Garrett, *Viagens na minha Terra*

Acordar da cidade de **Lisboa**
Acordar da cidade de Lisboa, mais tarde do que as outras,
Acordar da rua do Ouro,
Acordar do Rossio, às portas dos cafés,
Acordar
E no meio de tudo a gare, que nunca dorme,
Como um coração que tem que pulsar através da vigília e do sono.

Fernando Pessoa, *Poesias de Álvaro de Campos*

Lisboa menina e moça
da luz que os meus olhos vêem tão pura,
teus seios são colinas, varina,
pregão que me traz à porta ternura;
cidade a ponto de luz bordada,
toalha à beira mar estendida,
Lisboa menina e moça, amada,
cidade mulher da minha vida!

Cantado por Carlos do Carmo

Sesimbra
Primeiro a mão, ou antes o mar,
só depois a rosa, a dança do ar.

Eugénio de Andrade, *ibid.*

Sul
Pelo azul da pedra vê-se que é verão,
à beira do tanque os aloendros devem estar em flor,
as águas reflectem o silêncio.

Eugénio de Andrade, *ibid.*

Alentejo
Agonia dos lentos, inquietos
amarelos, a solidão do vermelho
sufocado,
por fim o negro, fundo espesso,
como no Alentejo
o branco obstinado.

Eugénio de Andrade, *ibid.*

Tenho de atravessar o Alentejo isolado e concentrado, para chegar ao **Algarve**.
De manhã saio de Olhão deslumbrado. Céu azul cobalto (...). Reverberação do sol, e o azul mais azul, o branco mais branco. Cubos, linhas geométricas, luz animal (...). Branco, branco, branco, branco doirado pelo sol (...).

Raul Brandão

Lenda da Ilha da **Madeira**
Era uma das ilhas encantadas que se erguia para o céu, como um altar de serras e arvoredo entornando ondas de cantos, de cores e de perfumes sobre o mar.

Jaime Cortesão

Açores
Lá no Faial me dão cartas,
No Pico me dão amores.
Adeus Faial da minha alma,
meu ramalhete de flores.

Poesia popular in Património Popular Português
(recolha de Hélder Pacheco)

Brasil

Por se tratar de uma ilha deram-lhe o nome
de ilha de Vera Cruz.
Ilha cheia de graça.
Ilha cheia de pássaros.
Ilha cheia de luz.
(...)

Mas como houvesse, em abundância,
certa madeira cor de sangue, cor de brasa
e como o fogo da manhã selvagem
fosse um brasido no carvão noturno da paisagem,
e como a terra fosse de árvores vermelhas
se houvesse mostrado assaz gentil,
deram-lhe o nome de Brasil.

Brasil cheio de graça.
Brasil cheio de pássaros.
Brasil cheio de luz.

Cassiano Ricardo

África

As pedras fazem catedrais
As palavras poemas,
Mas é nas palavras que Deus dá sinais
das paisagens amenas.
Ao escreveres um poema articula bem as palavras,
todas as palavras necessárias,
não há a brancura do papel,
na memória dos homens.

Jorge Viegas, *Revista* (1972)

Angola

Os campos verdes, longas serras, ternos lagos
estendem-se harmoniosos na terra...
onde os olhos adormecem temorosas vagas
acesos novamente sob a chuva de argila. (...)

Agostinho Neto (Angola), *Sagrada Esperança*

Moçambique

Este é o lugar do sol,
dos rios sem cansaço e das montanhas claras,
a terra em que das sementeiras de suor nascem searas livres,
o lugar onde a esperança dos cantos
arde nas mãos dos homens que trabalham
e defendem a alegria
quando os seus filhos não precisarem de esperar pela liberdade.

Leite de Vasconcelos, *Inédito*

Cabo Verde
Todos os meus dias gostava eu
de os ter vivido à minha porta
na minha aldeia,
olhando mudamente para o mar (...)

Valentinus, *Relâmpagos*

S. Tomé e Principe
(...) Onde o sol bem amarelo bem redondo incendeia as costas
dos homens das mulheres agitando-lhes os nervos
num cadenciar mágico mas humano: capinar, sonhar, plantar!

Francisco José Tenreiro, *Ilha de nome santo*, in *Coração em África*

Timor
(...) Nobre soldado
Que vens senhor
Por sobre as asas
Do teu dragão
Beijas os corpos
No chão queimado
Nunca terás
O nosso perdão

Ai, Timor
Calam-se as vozes
Dos teus avós
Ai, Timor
Se outros calam
Cantemos nós.

João Monge

As casas de **Macau**, senhoriais!
Casas senhoriais de Macau do passado,
Feitas prá luz azul do mar que a Itália estia,
Mas mergulhando o olhar no jade enevoado
De nácar e topázio das águas da baía (...).

António Manuel Couto Viana, *Macau*

OH, SUSANA

S. FOSTER

✱ No seu cavalo cinzento
A Susana vai partir.
Cavalgando em passo lento,
Pois tem medo de cair.

✱ Vai passar uma semana
Num rancho de outro lugar.
Que linda vai a Susana,
No seu fato de montar.

✱ BIS | Oh Susana!
Tão só eu vou ficar.
Se o coração não me engana,
Brevemente vais voltar.

✱ Sei que não és leviana
Mas te vou recomendar:
Tem cuidado, ó Susana,
E vai sempre devagar.

✱ O cavalo é mansinho
E teu amigo também.
Tu conheces o caminho,
Tudo há-de correr bem.

Oh Susana! etc...

No pontão de Avinhão (Sur le pont d'Avignon) *Pop. francesa*

Sur le pont d'Avignon,
L'on y chante, l'on y danse,
Sur le pont d'Avignon,
L'on y danse tout en rond!

Les belles dames font comm'ça,
Et puis encore comm'ça!
Les beaux messieurs font comm'ça,
Et puis encore comm'ça!

No pontão d'Avinhão,
Lá se canta, lá se dança.
No pontão d'Avinhão,
Lá se dança a dar a mão!

FREI JOÃO * FRÈRE JACQUES
BROTHER JOHN

CANÇÃO FRANCESA
FRENCH SONG
CHANSON FRANÇAISE

'Inda dorme,
'Inda dorme,
Frei João?
Frei João?
Vá tocar o sino,
Vá tocar o sino,
Dlim-dlim-dlão!
Dlim-dlim-dlão!

Are you sleeping,
Are you sleeping,
Brother John?
Brother John?
Morning bells are ringing,
Morning bells are ringing,
Ding, dong, bell!
Ding, dong, bell!

Frère Jacques,
Frère Jacques,
Dormez-vous?
Dormez-vous?
Sonnez les matines,
Sonnez les matines,
Ding ding dong!
Ding ding dong!

CRONOLOGIA

1.ª DINASTIA (1143-1383)
1143 – Fundação de Portugal por D. Afonso Henriques. Tratado de Zamora
1249 – Fim da Reconquista cristã em Portugal
1290 – Fundação da Universidade por D. Dinis
1297 – Fixação das fronteiras – Tratado de Alcanices
1348 – Peste Negra
1385 – Batalha de Aljubarrota com Castela
2.ª DINASTIA (1385-1578)
1386 – Aliança com a Inglaterra. Tratado de Windsor
1411 – Tratado de paz com Castela
1415 – Conquista de Ceuta. Início da Expansão e das Descobertas
1419 – Descoberta da Madeira
1427 – Descoberta dos Açores
1456 – Descoberta de Cabo Verde e da Guiné
1471 – Descoberta de S. Tomé e Príncipe
– Conquista de Tanger, Arzila e Azamor
1487 – Passagem do Cabo da Boa Esperança
1494 – Tratado de Tordesilhas, partilha do mundo (Portugal e Espanha)
1498 – Descoberta do caminho marítimo para a Índia
1500 – Descoberta do Brasil
1547 – Chegada ao Japão
1557 – Possessão de Macau
1578 – Batalha de Alcácer Quibir, desaparecimento do rei D. Sebastião
3.ª DINASTIA – (1580-1640)
– União Ibérica sob Filipe I, Filipe II, Filipe III
1640 – Restauração da Independência
4.ª DINASTIA (1640-1910)
1677 – Leis "Pragmáticas": início da industrialização do país (D. Pedro II)
1697 – Descoberta de ouro no Brasil
1703 – Tratado de Methween com a Inglaterra (bloco Industrialização)
1727 – Introdução de café no Brasil
1729 – Descoberta de diamantes no Brasil
1755 – 2.ª fase da industrialização do país pelo Marquês de Pombal / Terramoto em Lisboa
1807/10 – Invasões francesas. Partida da família real para o Brasil
1820 – Início da Revolução Liberal
1822 – Independência do Brasil
1828/34 – Guerra Civil
1835 – Introdução da máquina a vapor
1850 – Política de transportes e comunicações por Fontes Pereira de Melo
1885 – Conferência de Berlim – Partilha de África pela Europa
1890 – «Ultimatum» inglês (cedência à Inglaterra do território situado entre Angola e Moçambique)
1908 – Assassinato do rei D. Carlos e do príncipe Luís Filipe
1910 – Implantação da República
1914/18 – Participação de Portugal na 1.ª Guerra Mundial
1926 – Ditadura militar
1933 – Estado Novo (Salazar)
1943 – Concessão da base dos Açores aos Aliados
1949 – Adesão à OTAN
1955 – Admissão na ONU
1961 – Início da guerra colonial (Angola, Moçambique, Guiné)
1962 – Perda das feitorias na Índia – Goa, Moçambique, Guiné
1968 – Marcelo Caetano, 1.º ministro
1970 – Morte de Salazar
1974 – "25 de Abril" ("Revolução dos cravos") – Início da II República
1975 – Independência das colónias
1976 – Constituição democrática
1986 – Adesão à CE
1998 – Exposição Internacional em Lisboa. Tema: Oceanos

O 25 de Abril ("revolução dos cravos") aconteceu em:

1995
1945
1974

Portugal entrou na CE, tal como a Espanha, em:

1950
1986
1996

As cores da bandeira portuguesa são:

vermelha e branca
vermelha, verde e amarela
preta e amarela

Portugal Continental tem aproximadamente a forma de um:

hexágono
rectângulo
pentágono

Que arquipélagos (no Atlântico) são portugueses?

Cabo Verde e Canárias
S. Tomé e Príncipe
Açores e Madeira

Escolha um conjunto de três produtos portugueses:

cortiça, conservas, whiskey,
têxteis, coca-cola, sapatos,
azulejos, vinho, turismo,

A fundação de Portugal, um dos países mais antigos da Europa, data do:

séc. XII
séc. XV
séc. XVIII

Depois do regicídio (1908) do rei D. Carlos I, a República foi implantada em:

1820
1910
1974

Portugal tem cerca de:

20.000 kms^2
90.000 kms^2
30.000 kms^2

No ano 2000, a população de Portugal deve manter-se aproximadamente em:

50 000 000 de habitantes
30 000 000 de habitantes
10 000 000 de habitantes

Cerca do ano 2000, século XXI, 3.° milénio, quantos milhões de lusófonos (falantes de Português) haverá aproximadamente?

10 000 000 de falantes
250 000 000 de falantes
50 000 000 de falantes

1. **Maria Helena Vieira da Silva (1908-1992) representada no Museu de Arte Moderna do Centro Georges Pompidou, foi**

pintora
escritora
cientista

2. **Amália Rodrigues (1920-1999), célebre no «Olympia» de Paris, foi**

cantora de fado
escultora
política

3 **Sophia de Mello Breyner, autora de "Contos Exemplares", é**

empresária
jornalista
escritora

4. **Rosa Mota ganhou a medalha de ouro em (1986) na modalidade**

futebol
maratona
boxe

5 **Maria João Pires, intérprete de Chopin e Mozart, é**

pianista
cantora de «rock»
diplomata

6. Soror Mariana Alcoforado (1640-1723), autora de uma apaixonante correspondência que deu origem a várias versões teatrais de «Lettres d'une religieuse portugaise», foi

freira
princesa
jornalista

7. Ana Salazar, que faz vestuário feminino, é célebre no mundo

da moda
da física
do bailado

8. Inês de Castro (séc. XIV), heroína e amada do rei D. Pedro, que está sepultada no mosteiro de Alcobaça e é uma personagem da literatura internacional, era de nacionalidade

americana
castelhana
brasileira

9. Cármen Miranda, nascida no Norte de Portugal (1909-1955), e notável em Hollywood, foi

arquitecta em Portugal
cantora no Brasil
rainha espanhola

10. Maria de Medeiros, que recebeu um «Leão de Veneza» pela melhor interpretação feminina em 1994, é

investigadora
actriz
modelo

PORTUG-09

1

2

5

Vasco da Gama, navegador do fim do século XV, (1)

D. Afonso Henriques, primeiro rei de Portugal, (2)

Eça de Queirós, escritor do século XIX, (3)

Álvaro Siza Vieira, arquitecto contemporâneo (4)

Fernão de Magalhães, navegador português, (5)

D. Manuel, rei de Portugal na época das descobertas, (6)

Camões, poeta do século XVI, (7)

António Damásio, investigador sobre as funções cerebrais (8)

Gago Coutinho, almirante e geógrafo (9)

Fernando Pessoa, autor de "Mensagem", (10)

7

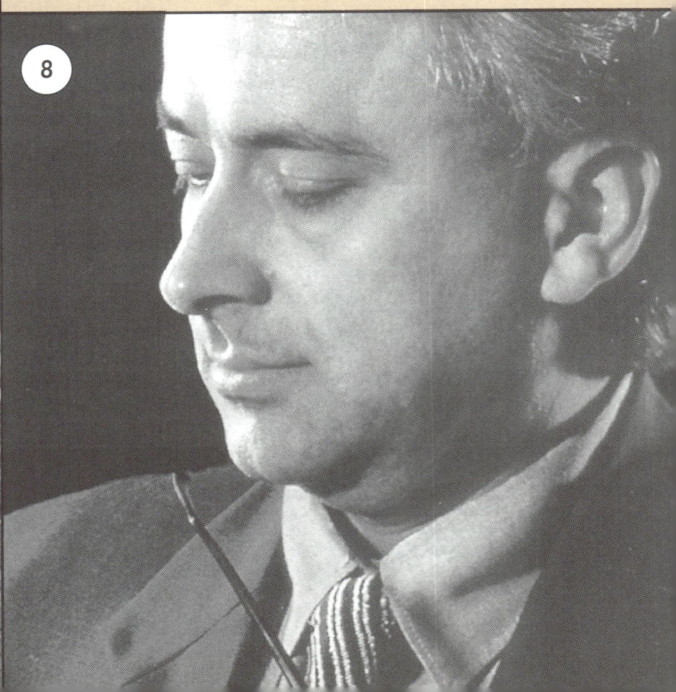

8

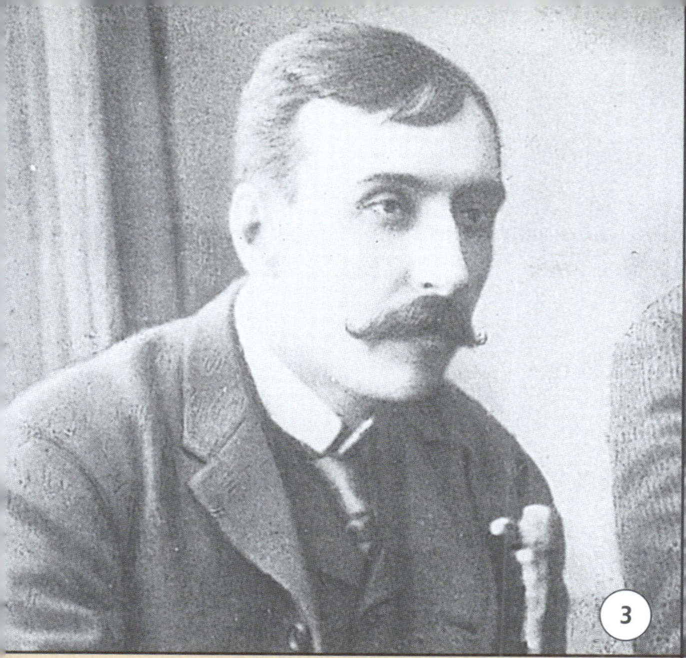

3

4

(a) deu a primeira volta ao mundo.

(b) descobriu o caminho marítimo para a Índia (1493).

(c) escreveu a epopeia "Os Lusíadas" (1592)

(d) ganhou o Prémio Fernando Pessoa, em 1992.

(e) fez a 1.ª viagem aérea entre Lisboa e Rio de Janeiro (1922).

(f) escreveu "Os Maias" e "O primo Basílio".

(g) criou vários heterónimos.

(h) deu origem ao estilo manuelino.

(i) fundou Portugal em 1143.

(j) ganhou em 1993 o prémio Pritzkler, equivalente ao Nobel.

6

9

10

Queira fotocopiar e preencher a seguinte Sondagem – Questionário para fins estatísticos, e devolva-o a Porto Editora, Rua da Restauração, 365 – 4099 Porto Codex.

ou

Maria de Fátima Matos – Rua Vitorino Damásio, 64 – 4200 Porto

Sondagem – Questionário

Português Língua Estrangeira (P. L. E.)

1. Identificação:

Nome ____________________

Sexo ______ Idade ______

Nacionalidade(s) ____________ Língua(s) materna(s) ____________

Grau académico (título do diploma já obtido e n.° de anos) ____________

Local e País ____________________

Ocupação ____________ Local e País ____________

2. Conhecimento de línguas estrangeiras:

Língua	Nível (1)	Tempo de estudo		motivações (4)	local de aprendizagem
		(2) até hoje	(3) actualmente		
Português					
Inglês					
......					
......					

(1) – elementar, médio, avançado.
(2) – n.° de horas, n.° de semestres ou n.° de anos
(3) – n.° de horas semanais e anuais
(4) – razões académicas e profissionais a curto e a longo prazo (ex. Prog. Erasmus, exercício da profissão em Portugal, Brasil, África, Ásia. Especifique o trabalho e o local). Razões afectivas (tem ascendentes, tem/ vai ter colaterais, tem amigos, gosta de Portugal, do Brasil, etc.).

3. Vai continuar a estudar a língua portuguesa?__________ Quanto tempo?__________

Porquê?____________________

4. Qual o domínio que mais lhe interessa?

☐ Quotidiano ☐ Económico ☐ Outros

5. O que pensa da língua portuguesa?

Identifique as dificuldades utilizando de 1 (o mais fácil) até 5 (o mais difícil)

Compreensão oral (C. O.)	☐	Pronúncia	☐
Compreensão escrita (C. E.)	☐	Ortografia	☐
Expressão oral (E. O.)	☐	Morfologia	☐
Expressão escrita (E. E.)	☐	Sintaxe	☐
...	☐	Léxico	☐

6. Espaço aberto:

O português

Há uma qualidade que ninguém nega aos portugueses louvado seja Nosso Senhor: a sociabilidade. O português é o homem mais sociável deste mundo. Fraterniza em casa com quantos estrangeiros lhe apareçam, em África com o gentio, na guerra com o inimigo. (...)
A expressão "é muito dado" existe apenas na nossa língua. Com ela se traduz a despreocupada simpatia, o espírito de comunicabilidade, nenhum preconceito nem timbre na vida das relações. Axioma: de todos os europeus, o português é o mais tratável.

Aquilino Ribeiro, «Guia de Portugal» (1924)

INTENÇÃO COMUNICATIVA

1. Identificação / Apresentação

– Como se chama? – Qual é o seu nome?
– Onde mora / trabalha / nasceu?
– Qual a sua data de nascimento / Quantos anos tem?

– Chamo-me ... / O meu nome é .../ Sou (Ricardo)
– Sou (estudante) / Sou (português)
– Tenho (20 anos) / Moro em (Zurique)

– Olá , como está? – Como vai?
– Muito prazer!
– Igualmente.

2. Saudação

Bom-dia! / Boa-tarde! / Boa-noite! / Olá! / Viva!
Está(s) bom / boa?
Como está(s)? / Como vai(s)?
Específico da escrita:
Caro(a)(s) / Sr(a)(s), Senhor(a)(es) / Marta Costa:
Caríssimo (a) (s) / amigo(a)(s) / colega(s) / Fred:
(Meu) (Minha) Querido (a) / Zé / Joana:
Estimado(a)(s) cliente(s):
Exmo.(a)(s) Sr.(a)(s) / Dr.(a) / Director(a) / Presidente:

3. Despedida

Específico da oralidade:
– Até já! / Até logo! / Até amanhã! Adeus(-inho)!
Chau!
Da escrita e da oral (ao telefone):
Um (grande) (enorme) abraço! / Um (muitos) beijo(s) / beijinho(s) / beijão!
(Muitas) saudades / Até breve!
Específico da escrita – Com (muita) amizade /
– Aguardando brevemente notícias / Na expectativa de notícias suas (vossas), / apresento / enviamos os melhores cumprimentos.

4. Comunicação ao telefone

– Trriim...trriim.
– Está (lá)? / Estou? / Quem fala?
– Posso falar com a D. (Dona) Isabel, por favor? / Podia chamar o Sr. Engenheiro Martins, se faz favor?
– Pode sim, Vou chamar. Um minuto(-inho) / momento(-inho), por favor.
– Não sei se está. Vou ver. / Quem deseja falar com ele(a)?
– Não, não está. Quer deixar mensagem / recado?
Texto de gravação: "Fala do 567890. Está a ouvir um gravador de chamadas. Por favor, deixe a sua mensagem após o sinal sonoro. Entrarei em contacto logo que possível. Obrigado."

5. Situação de localização

Turista:
– Por favor / Se faz favor / Desculpe...
– Podia / Sabe dizer– me / É capaz de me dizer...
– Onde fica / se situa...?
...a rua / a avenida / a praça / a estrada / o jardim / a ponte
... a estação de metro / de comboio / o banco / o correio / o museu / o hotel / a polícia / a câmara
Habitante local
– Sei, sim. / Não sei, não.
– Vá / Siga / sempre em frente / sempre a direito
– (Depois) Vire à esquerda / à direita
– (Não) É (muito) longe / perto
– É antes de / É junto de / É diante de / É logo a seguir a / São cerca de 100 m depois de...
... esquina / semáforo / ...

6. Situação de compra

Vendedor(a): – (Já) Está atendido(a)?
Cliente – Já sim , obrigado(a).
– Ainda não. Queria, por favor...
V. – Quanto calça / veste ?/ Qual é o seu número?
– Há vários tamanhos / modelos / tecidos /
– Temos outras cores / soluções / possibilidades
C. – Qual é o preço / Quanto custa(m)?
V. – (Custa) 80 cêntimos / 20 euros / 1000 euros
– É uma promoção / Há um desconto / Tem uma redução de 10%.
C. – (Não) É (muito) caro / barato – É o mínimo?
Quais são as condições? / modalidades de pagamento?
V. – Pode pagar em cheque / com cartão de crédito / em dinheiro.
– Aceitamos pagamento em prestações / ou a pronto.
– O IVA já está / não está incluído. – O IVA é de 17%.
C. – Qual é o prazo da entrega (da encomenda)?
V. – É rápido / Depende / Demora um pouco.
– O preço do transporte não está incluído
– As despesas do correio são por fora.
C. – Quanto é? Queria pagar. Onde é a caixa? A conta, por favor.
Não tenho trocado / Faz favor, só tenho uma nota de ...
V. – Não tem importância. Não faz mal. Aquí está o troco. Muito obrigado(a) e Bom-dia / Boa-tarde / Boa-noite.
C. – De nada. Bom-dia / Boa-tarde / Boa-noite.

APÊNDICE GRAMATICAL

Ortografia é a ciência de bem escrever qualquer linguagem e por ela sabemos com que letras se hão-de escrever as palavras. Letra quer dizer "caminho ao que lê" porque vem do latim (lego e iter) assim como ortografia quer dizer "ciência de correctamente escrever (orthos e grapho)".

Duarte Nunes de Leão, séc. XVI/XVII

A linguagem é figura do entendimento, e assim é verdade que a boca lhe diz o que lhe manda o coração
Acento quer dizer principal voz ou tom da dicção
A quantidade das silabas da nossa língua é mui facil de conhecer
Palavra é voz que significa coisa ou acto ou modo: coisa, como artigo e nome; acto, como verbo; modo, como qualquer outra parte da oração...

Fernão de Oliveira (sec. XVI)
Gramática da Linguagem Portuguesa

Adapt. de Quino

EXERCÍCIOS DE LEITURA

1. "Anikibebé. Anikibobó. Passarinho. Totó. Berimbau. Cavaquinho. Salomão. Sacristão. Tu és polícia. Tu és ladrão."

Do filme "Anikibobó" de Manoel de Oliveira

2. Era uma vez um país
na ponta do fim do mundo
onde o mar não tinha eco
onde o céu não tinha fundo.
Onde longe longe longe
mais longe que a ventania
mais longe que a flor da sombra
ou a flor da maresia
em sete lagos de pedra
sete castelos de nuvens
em sete cristais de gelo
uma princesa vivia.

(...)
uma princesa tecia
o seu tapete de espanto
no fio da fantasia
do seu casulo de encanto.

Ary dos Santos, *Tempo das Amendoeiras*

3. As grossas tarjas negras,
Os "puzzle" frívolos da pontuação,
Os asteriscos – e as aspas... os acentos...
Eh-la! Eh-la! Eh-la!...

– Abecedários antigos e modernos,
Gregos, góticos,
Eslavos, árabes, latinos –,
Eia-hô! Eia-hô! Eia-hô!...

(Hip! Hip-la! Nova simpatia onomatopaica,
Rescendente da beleza alfabética pura;
Uu-uum...Kess-kress...vliiim...tlin...blong...flong...flak...
Pâ-am-pam! Pam...pam...pum...pum...Hurra!)

Mário Sá-Carneiro

4. Café com pão
Café com pão
Café com pão

Virge Maria que foi isto maquinista?

Agora sim
Café com pão
Agora sim
Voa, fumaça
Corre, cerca
Ai seu foguista
Bota fogo

Na fornalha
Que eu preciso
Muita força
Muita força
Muita força

Oô...
Foge, bicho
Foge, povo
Passa poste
Passa pasto
Passa boi.

(...)
Vou depressa
Vou correndo
Vou na toda
Que só levo
Pouca gente
Pouca gente
Pouca gente...

Manuel Bandeira, *Poesia Completa e Prosa*

[a]: lado [ládu]
[ɑ]: mata [mátɑ]
[ɛ]: café [kɑfɛ]
[e]: dedo [dédu]
[ə]: hoje [óʒə]
[i]: rio [riu]
estudante [iʃtudɑ̃tə]
[ɔ́]: avó [avɔ́]
[o]: avô [ɑvó]
[u]: rua [rúɑ]
fogo [fógu]
[w]: suave [swávə]
[j]: diálogo [djálugu]
[ɑ̃j̃]: bem [bɑ̃j̃]
[ɑ̃w̃]: cão [kɑ̃w̃]
[õj̃]: tostões [tuʃtõj̃ʃ]
[ɑ̃]: canto [kɑ̃́tu]
[ẽ]: lenda [lẽ́da]
[õ]: onda [õdɑ]
[ĩ]: fim [fĩ]

[ũ]: fundo [fṹdu]
[p]: pá [pá]
[b]: belo [bélu]
[t]: tu [tú]
[d]: dedo [dédu]
[k]: café [kɑfɛ́]
[g]: gordo [górdu]
[f]: faca [fákɑ]
[v]: voz [vɔ́ʃ]
[s]: sala [sálɑ]
[z]: casa [kázɑ]
[ʃ]: choque [ʃɔ́kə]
[ʒ]: janela [ʒanɛ́lɑ]
[m]: mesa [mézɑ]
[n]: nada [nádɑ]
[ɲ]: linha [liɲɑ]
[l]: sala [sálɑ]
[ʎ]: olhar [uʎár]
[r]: cara [kárɑ]
[r̄]: terra [tɛ́r̄ɑ]

EXERCÍCIO DE ORTOGRAFIA

Preencha correctamente com s , z , x , ç .

– Sabes, I__abel, a Luí__a teve a__ar no e__ame! Tirou do__e mas preci__ava de quin__e. Fez confu__ão na localizção de uma por__ão de paí__es .

Divirta-se a ler à maneira dos jograis os seguintes textos:

1. A Dona Gramática

Mas afinal a Gramática
é uma senhora simpática,
por vezes asmática
ou até lunática.

Procurando regras,
chega às conclusões,
desenvolve a memória,
propõe diversões.

Quando está cansada,
procura um assento;
e porque é precisa,
fica até indecisa
a pensar se é acento
o que melhor lhe convém.
Então fica em pé
à espera de ajuda
e diz: "Ora bem,
afinal como é ?"

É giro saber
e querer perceber
que algumas palavras
são como as pessoas
ou gordas ou magras
ou "chatas" ou boas.

E têm famílias
como nós também,
com laços entre elas.
Parecenças?
Diferenças?

Pois claro, é evidente!
Aqui está uma finta:
em nós corre sangue,
nas palavras... tinta!

Maria de Fátima Matos

A FRASE

TIPOS DE FRASE

1. Frase declarativa – Ex.: Hoje vou ao cinema.
2. Frase interrogativa – Ex.: Quando vais ao Brasil?
3. Frase imperativa – Ex.: Telefona-me amanhã !
3. Frase exclamativa – Ex.: Estes saldos são baratíssimos!

Cada frase só pode ter um tipo.

FORMAS DE FRASE

Todas as frases são:

1. Positivas ou negativas,	Ex.: Saio tarde	Não saio cedo
2. Activas ou passivas,	Ex.: O público aplaudiu a peça	A peça foi aplaudida
3. Neutras ou enfáticas.	Ex.: Ele é simpático	Ele é que é muito simpático!

Assim, a frase **"Hoje vou ao cinema"** é declarativa quanto ao tipo, e positiva, activa e neutra quanto à forma.
Cada frase tem de ter três formas.

ESTRUTURA DA FRASE

1. **Frase simples** – É formada geralmente por um sujeito, um predicado (verbo) e vários complementos. Assim, contém uma só proposição ou oração.
   Ex.: Eu gosto de línguas .
   Onde está o carro do Claude?

2. **Frase complexa** – É formada geralmente por dois ou mais sujeitos e predicados (verbos) e também complementos. Assim, contém duas ou mais proposições ou orações.
   Ex.: Ela telefona e depois eu vou sair.
   A peça que nós vamos ver ganhou um prémio.

ACENTUAÇÃO

PRINCIPAIS REGRAS DE ACENTUAÇÃO

Os **acentos** gráficos marcam as sílabas tónicas. Podem ser:

Agudo: ´ abre a vogal: Ex.: fórmula, sótão, Alibabá, avó, café, saúde, baú.

Circunflexo: ^ fecha a vogal: Ex.: pêlo, avô, português, inglês.

Grave: ` Existe apenas na contracção da preposição **a** com certos determinantes: Ex.: Vou à praia. Respondeste àquele anúncio? (a ≠ à)

1. As palavras são, **regra geral, graves** ou **paroxítonas**, isto é, acentuadas na penúltima sílaba:

   – tonicamente (sem acento gráfico)

   Ex.: casa cadeira cinema

   – graficamente quando terminadas em -s (depois de -i ou -o), -l , -r , (-n, -x)

Ex.: lápis	fácil	açúcar	(pólen	Félix)
automóvel	hábil	Hélder	(abdómen	ónix)

2. As palavras esdrúxulas ou proparoxítonas, isto é, acentuadas na antepenúltima sílaba, têm sempre acento gráfico.

Ex.: ópera	Atlântico	sílaba	gramática	América
Suécia	Itália	árvore	dicionário	lúdico

3. As palavras agudas ou oxítonas, isto é, acentuadas na última sílaba, levam geralmente acento gráfico quando:

   – terminadas em -a, -e, -o, abertos ou fechados

   Ex.: papá, café, puré, você, avô

   – terminadas em -i(s), para não formar ditongo

   Ex.: país (≠ pais), saí (≠ sai), caí (≠ cai), saía (≠ saia).

CATEGORIAS GRAMATICAIS OU CLASSES E SUBCLASSES

I. NOMES	IV. PRONOMES	VII. CONJUNÇÕES
1 – comuns ou próprios 2 – concretos ou abstractos 3 – individuais ou colectivos	1 – Pessoais 2 – Demonstrativos 3 – Possessivos 4 – Indefinidos 5 – Relativos 6 – Interrogativos – Exclamativo 7 – Numerais	De coordenação 1 – Copulativas 2 – Adversativas 3 – Disjuntivas 4 – Conclusivas De subordinação 1 – Finais 2 – Temporais 3 – Causais 4 – Concessivas 5 – Consecutivas 6 – Comparativas 7 – Condicionais 8 – Integrantes
II. ADJECTIVOS	**V. VERBOS**	**VIII. PREPOSIÇÕES**
III. DETERMINANTES	**VI. ADVÉRBIOS**	**IX. INTERJEIÇÕES**
1 – Artigos definidos e indefinidos 2 – Demonstrativos 3 – Possessivos 4 – Indefinidos 5 – Interrogativos – Exclamativo 6 – Relativo 7 – Numerais	1 – Tempo 2 – Lugar 3 – Modo 4 – Quantidade 5 – Afirmação 6 – Negação 7 – Dúvida 8 – Exclusão	1 – Admiração 2 – Desagrado 3 – Dor 4 – Saudação 5 – Despedida (...)

I. NOMES

Designam os seres em geral: pessoas, objectos, animais, lugares, ideias, acções, actividades, estados, qualidades, fenómenos, etc.

Ex.: o homem, o livro, o cão, Portugal, a beleza
a venda, o ensino, a velhice, a altura, a chuva

Quanto às **subclasses**, os nomes podem ser: concretos ou então abstractos; comuns ou próprios; individuais ou colectivos.

Ex.: a estátua, a beleza; a terra, a Terra (planeta); o aluno, a turma.

Assim: Terra é um nome concreto, próprio e individual.

FLEXÃO NOMINAL

1. O GÉNERO

Há dois géneros em português: o **masculino** e o **feminino**
Os nomes podem ser **biformes** ou **uniformes**.

1.1. Nomes biformes

1.1.1. Regra geral de formação do feminino: substitui-se a vogal final **– o** por **– a**.

Ex.: o aluno – a aluna
o tio – a tia
o gato – a gata
o médico – a médica
o amigo – a amiga
o brasileiro – a brasileira
o suíço – a suíça
o grego – a grega

1.1.2. Outras situações:

Derivação

Ex.: o escrit**or** – a escrito**ra**
o professor – a professora
o pintor – a pintora
o leitor – a leitora
o actor – a actriz
o embaixador – a embaixadora,
– a embaixatriz

o dinamarqu**ês** – a dinamarqu**esa**
o camponês – a camponesa
o marquês – a marquesa
o duque – a duquesa
o príncipe – a princesa
o espanhol – a espanhola

o português – a portuguesa
o francês – a francesa
o inglês – a inglesa
o chinês – a chinesa

o avô – a avó
o rapaz – a rapariga
o herói – a heroína
o rei – a rainha
o galo – a galinha

o cão – a cadela
o irmão – a irmã
o alemão – a alemã
o campeão – a campeã
o patrão – a patroa
o ladrão – a ladra

Mudança de radical

Ex.: o homem – a mulher
o marido – a mulher/a esposa
o pai – a mãe

o genro – a nora
o cão – a cadela
o boi – a vaca

1.2. Nomes uniformes – têm uma só forma para o masculino e para o feminino.

1.2.1. Com variação de determinante:

Ex: **o** estudante – **a** estudante
o colega – a colega
o jovem – a jovem
o artista – a artista
o pianista – a pianista
o guia – a guia

o gerente – a gerente
o agente – a agente
o intérprete – a intérprete
o emigrante – a emigrante
o cliente – a cliente

1.2.2. Sem variação de determinante:

a pessoa
a criança
a vítima

a personagem
o cônjuge
o indivíduo

Notas importantes:

Os nomes terminados em **-r** são geralmente do género masculino.

Ex.: o mar, o prazer, o luar, o favor, o pavor, etc.
Mas: a cor, a flor, a dor, a soror.

Os nomes terminados em **-m** são geralmente do género feminino.

Ex.: a coragem, a garagem, a nuvem, a margem, a (des)vantagem, etc.
Mas: o bem, o fim, o rim, o som, o tom, o florim, etc.

Os nomes de **países, de continentes e de regiões** são normalmente precedidos de artigo e seguem a regra geral.

Ex.:					
a Espanh**a**	a China	a Suécia	a Dinamarca	a Costa do Marfim	a Europa
a Rússia	a Noruega	a Guiné	a Beira	a Estremadura	a África
o Minh**o**	o Alentejo	o Algarve	o Senegal	o Japão	a América
o Brasil	o México	o Luxemburgo	as Honduras	a Venezuela	a Ásia
os Est. Unidos	os Camarões	as Antilhas	a Amazónia	a Toscânia	
o**s** Açore**s**	a Madeira	a Provença			

Mas: **Portugal** e as antigas colónias quase nunca têm artigo: Cabo Verde, S. Tomé e Príncipe, Angola, Moçambique, Goa, Damão, Diu, Timor, Macau. É o caso ainda de Cuba e Marrocos.

Os nomes de **cidades** também não são , normalmente, precedidos de artigo.

Ex.: Lisboa Coimbra Braga Luanda Tóquio Genebra

Alguns raros nomes de cidades, que têm como base nomes comuns, levam artigo.

Ex.: o Porto o Rio de Janeiro a Baía o Havre o Cabo o Funchal

Os nomes dos **rios** são masculinos.

Ex.: o Tejo o Douro o Guadiana o Minho o Ródano

o Amazonas o Sena o Garona o Tamisa o Mississipi

Os nomes das **árvores** são geralmente masculinos e seguem a regra geral.

Ex.: **o** sobreir**o**, o pinheiro, o plátano.

Mas a maior parte dos nomes das árvores de fruto são femininos.

Ex.: **a** macieir**a**, a pereira, a laranjeira, a cerejeira, a nogueira.

Os nomes próprios de **pessoas** são normalmente precedidos de artigo e não mudam de género; podem ter formas correspondentes ou não.

Ex.: o António, a Antónia; o Fernando, a Fernanda, etc
Mas: o Nuno, o Jorge, a Fátima, a Conceição, etc., não têm formas equivalentes no outro género.

A presença do artigo definido antes do nome próprio marca familiaridade. Assim não deve aparecer com nomes de individualidades ou figuras públicas. Ex.: Camões é o autor de **Os Lusíadas**.
No vocativo também não aparece o artigo definido. Ex.: Francisco, vai-te deitar!

O nome **o** testemunho (depoimento) não é o masculino de **a** testemunha (pessoa que apresenta o testemunho).

Outros exemplos: o ovo / a ova; o fruto / a fruta; o vinho / a vinha; o ramo / a rama; o estrado / a estrada.

2. O NÚMERO

Existem duas formas: **singular** e **plural**.

2.1. – **Regra geral da formação do plural:** junta-se um **-s** ao singular quando as palavras acabam em vogal ou ditongo.

Ex.: o livro – os livros a praia – as praias
o comboio – os comboios o rei – os reis
o armário – os armários o chapéu – os chapéus
a casa – as casas o herói – os heróis

Notas:

O plural das palavras em **-m** é **-ns** (são raríssimas as palavras terminadas em -n, como abdómen (plural – abdómenes).

Ex.: o homem – os homens; o bem – os bens; a nuvem – as nuvens; a garagem – as garagens;
o som – os sons; o bombom – os bombons; o tom – os tons.

Atenção ao plural de: corpo(s), esforço(s), fogo(s), imposto(s), jogo(s), olho(s), osso(s), ovo(s) , porto(s), posto(s), povo(s), troco(s), etc.
Junta-se o -s final, mas o **o** tónico e fechado do singular passa a pronunciar-se aberto.
Palavras como: acordo, bolo, moço, namoro, molho (condimento) mantêm o **o** tónico fechado no singular e no plural.

2. 2. Os nomes terminados em consoante (**-s, -r, -z**) fazem o plural acrescentando **-es**.

Ex.: **o** paí**s** – **os** paí**ses**
o português – os portugueses
o inglês – os ingleses
o francês – os franceses

o holandês – os holandeses
o tailandês – os tailandeses
o norueguês – os noruegueses
o ananás – os ananases

o ma**r** – **os** mar**es**
o singular – os singulares
o açúcar – os açúcares
o par – os pares
o exemplar – os exemplares
o professor – os professores
o reitor – os reitores

o amor – os amores
o locutor – os locutores
a colher – as colheres
a mulher – as mulheres
a cor – as cores
a flor – as flores
a dor – as dores

o rapa**z** – os rapaz**es**
o aprendiz – os aprendizes

a cruz – as cruzes
a raiz – as raízes

Nota: São invariáveis as palavras acentuadas na penúltima sílaba.

Ex.: o(s) lápis, o(s) atlas , o(s) pires, o(s) oásis .

2.3. Nos nomes terminados em **-al, -el, -il, -ol, -ul,** substitui-se o **-l** por **-is**. Esta formação deve-se à queda sistemática do **-l** entre duas vogais e à sua ditongação.

Assim: – ales > – aes > – ais

Ex.: o anim**al** – os anim**ais**
o jornal – os jornais
o real – os reais
o ideal – os ideais
o festival – os festivais

o pap**el** – os pap**éis**
o hotel – os hotéis
o móvel – os móveis

o barri**l** – os barr**is**

o espanh**ol** – os espanh**óis**
o lençol – os lençóis
o farol – os faróis

o az**ul** – os az**uis**

Nota: Os nomes **réptil** e **fóssil** fazem no plural **répteis** e **fósseis** porque não têm o acento na última sílaba.
Os nomes **mal** e **cônsul** fazem no plural **males** e **cônsules**.

2.4. Os nomes terminados em **-ão** podem formar o plural de três maneiras diferentes: em **-ões** (os mais frequentes); em **-ães** ; em **-ãos**.

Esta formação deve-se à queda sistemática do **-n-** (existente em latim) quando estava entre duas vogais. Posteriormente, há uma ditongação e uma nasalação. A terminação do plural mais frequente é **-ões**, por causa da analogia verificada nas palavras mais recentes.

-ão → **-ões** <– leões <– leo(n)es
-ão → **-ãos** <– mãos <– ma(n)us
-ão → **-ães** <– pães <– pa(n)es

Ex.: **o** coraç**ão** – **os** coraç**ões**
o balão – os balões
a questão – as questões
a opinião – as opiniões
a canção – as canções
a estação – as estações
a ilusão – as ilusões
a nação – as nações
a acção – as acções
a apresentação – as apresentações
a reprovação – as reprovações

o irm**ão** – **os** irm**ãos**
a mão – as mãos
o cidadão – os cidadãos
o órgão – os órgãos

o alem**ão** – **os** alem**ães**
o pão – os pães
o cão – os cães
o capitão – os capitães

3. O GRAU

O nome pode apresentar-se nos graus **normal, aumentativo e diminutivo,** com maior expressividade nos últimos casos. Todavia, é o adjectivo que apresenta uma flexão de grau mais rica (pág. 144).

3.1. Grau **normal**
3.2. Grau **diminutivo** – frequentemente através do sufixo **-(z)inho.**
3.3. Grau **aumentativo** – frequentemente através do sufixo **-ão.**

Ex.: sapato, casa, carro, beijo, palavra, João, papel
sapatinho, casinha, carrinho, beijinho, palavrinha, Joãozinho, papelzinho
sapatão, casarão, carrão, beijão

Nota: Geralmente o aumentativo implica o género masculino, mesmo quando os nomes são femininos no grau normal.

Ex.: a gaveta, o gavetão; a cadeira, o cadeirão; a mulher, o mulherão.

Por vezes, há alteração de sentido, passando a designar realidades diferentes.

Ex.: uma palavra, um palavrão (não é uma grande palavra mas sim calão); uma porta, um portão.

II. ADJECTIVOS

O adjectivo é uma palavra que exprime uma característica ou uma qualidade do nome a que se associa. Tal como o nome, varia em género, número e grau.

Ex.:

Género: feminino	esta mulher **bonita**
Número: plural	uns apartamentos **luxuosos**
Grau: superlativo	o médico **competentíssimo**

1. O GÉNERO

Para a formação do feminino, o adjectivo segue geralmente as regras respeitantes ao nome.
Assim:

O alun**o** simpátic**o** – **a** alun**a** simpátic**a**
o homem falado**r** – **a** mulhe**r** falador**a**
um cidad**ão** milan**ês** – **uma** cidad**ã** milan**esa**

Podem ser **biformes e uniformes** quando apresentam, respectivamente, duas formas ou uma só forma para os dois géneros. A maioria dos adjectivos é biforme. Os adjectivos uniformes são geralmente os que terminam em **– e, – a , – l, – z.**

Ex.: **um** rapaz grand**e** e alegr**e** – **uma** rapariga grand**e** e alegr**e**
um pobre humilde e triste – uma pobre humilde e triste
um chefe importante e arrogante – uma chefe importante e arrogante

um amigo idiot**a** e hipócrit**a** – **uma** amiga idiot**a** e hipócrit**a**
um miúdo belga – uma miúda belga

um teste fáci**l** ou difíci**l** – **uma** pergunta faci**l** ou difíci**l**
um quarto azul e pessoal – uma sala azul e pessoal
um namorado (in)fiel e gentil – uma namorada (in)fiel e gentil

um minuto (in)feli**z** – **uma** época (in)feli**z**
um jogador (in)capaz – uma jogadora (in)capaz

Mas:

um ambiente simples e burguês – uma família simples e burguesa
um exercício melhor e menor – uma resposta melhor e menor
um caminho maior e pior – uma estrada maior e pior

Nota: bom – boa
mau – má
nu – nua
cru – crua
europeu – europeia

2. O NÚMERO

Para a formação do plural, o adjectivo segue geralmente as regras respeitantes ao nome. (Ver páginas 141 e 142).

3. O GRAU

O adjectivo apresenta-se nos graus **normal, comparativo e superlativo.**

3.1. Normal			Ex.: importante
3.2. Comparativo →	superioridade		Ex.: **mais** curioso (do) **que**
	igualdade		Ex.: **tão** interessante **como** / quanto
	inferioridade		Ex.: **menos** caro (do) **que**
3.3. Superlativo →	absoluto →	sintético	Ex.: pesad**íssimo**
		analítico	Ex.: **muito** leve
	relativo →	superioridade	Ex.: **o mais** atraente **de**
		inferioridade	Ex.: **o menos** alto **de**

Nota:

Bom – melhor – óptimo | Mau – pior – péssimo
Grande – maior – máximo | Pequeno – menor/ mais pequeno – mínimo

3.2.1. COMPARATIVO DE SUPERIORIDADE
Forma-se com o advérbio **mais** que precede o adjectivo, e com a conjunção que (ou do que) que antecede o 2.º termo de comparação.

Ex.: O João é mais velho (do) que o Miguel.
A matemática é mais difícil (do) que a geografia.

3.2.2. COMPARATIVO DE IGUALDADE
Forma-se com o advérbio **tão**, antes do adjectivo, e a conjunção **como** ou quanto.

Ex.: O meu carro foi tão caro como o teu.
A Daniela é tão bonita quanto inteligente.

3.2.3. COMPARATIVO DE INFERIORIDADE
Forma-se com o advérbio **menos**, que antecede o adjectivo, e a conjunção (do) **que**.

Ex.: O português é menos difícil (do) que o latim.

3.3.1.1. SUPERLATIVO ABSOLUTO SINTÉTICO
Forma-se acrescentando o sufixo **-íssimo** (regra geral), –ílimo ou -érrimo (raramente).

Ex.: Este filme é interessantíssimo.
O exame é facílimo.
Camões é um poeta celebérrimo.

3.3.1.2. SUPERLATIVO ABSOLUTO ANALÍTICO
Forma-se geralmente com o advérbio **muito**.

Ex.: Este filme é muito interessante.
O exame é muito fácil.
Camões é um poeta muito célebre.

Esta ideia de superlativo também pode resultar do emprego de palavras como: tão, extremamente, muitíssimo ou da repetição do adjectivo.

Ex.: Este exame é tão fácil!
Este homem é extremamente infeliz!
Ele é muitíssimo conhecido.
Estou farto, farto, farto.

3.3.2.1. SUPERLATIVO RELATIVO DE SUPERIORIDADE
Forma-se antepondo **o mais** ao adjectivo e fazendo-o seguir, em geral, da preposição **de** e às vezes da conjunção **que**.

Ex.: O Evereste é o monte mais alto (de todos).
O Oceano Pacífico é o mais extenso que há.
O Frederico é o mais encantador dos homens.

3.3.2.2. SUPERLATIVO RELATIVO DE INFERIORIDADE
Forma-se antepondo **o menos** ao adjectivo e fazendo-o seguir, em geral, da preposição **de** e às vezes da conjunção **que**.

Ex.: Aquela saia é a menos cara de todas.
O João é o menos rápido da equipa.

III. DETERMINANTES

Os determinantes (ou pronomes adjectivos) **precedem** quase sempre o **nome** que está **presente obrigatoriamente na frase**. Concordam com o nome, em género e número. (Ver "Pronomes" páginas 147 a 150).

Ex.: um dia este ano a minha casa alguns exemplos quais livros? Que rapaz giro!

A classe dos determinantes apresenta as seguintes subclasses:

1. Artigos definidos e indefinidos
2. Demonstrativos
3. Possessivos
4. Indefinidos
5. Interrogativos
   Exclamativo
6. Relativo
7. Numerais

1. ARTIGOS

Os artigos determinantes apresentam as formas de masculino e feminino, singular e plural, conforme o género e o número do nome que precedem.

ARTIGOS **DEFINIDOS**

	singular	plural
masculino	**o** preço	**os** preços
feminino	**a** venda	**as** vendas

ARTIGOS **INDEFINIDOS**

	singular	plural
masculino	**um** filme	**uns** filmes
feminino	**uma** rapariga	**umas** raparigas

Com as preposições **a, de, em, por,** o artigo definido contrai-se da seguinte maneira:

Preposição	Det. art. defin.		Contracção	
a +	o (s)	—>	**ao (s)**	masc. sing. (plur.)
	a (s)	—>	**à (s)**	fem. sing. (plur.)
de +	o (s)	—>	**do (s)**	masc. sing. (plur.)
	a (s)	—>	**da (s)**	fem. sing. (plur.)
em +	o (s)	—>	**no (s)**	masc. sing. (plur.)
	a (s)	—>	**na (s)**	fem. sing. (plur.)
por +	o (s)	—>	**pelo (s)**	masc. sing. (plur.)
	a (s)	—>	**pela (s)**	fem. sing. (plur.)

Ex.: Eu vou ao cinema.
Nós fomos à praia.
Ela vive no campo.
Eu confio nas pessoas.

Ele vem da faculdade.
Tu chegaste dos Estados Unidos.
A Marta veio pelo caminho mais perto.
Pediu a demissão pelas razões apresentadas.

O artigo indefinido só se contrai com as preposições **em** e **de** (esta não obrigatoriamente).

Prep.	Det. art. indef.	Contracção	
	+ um —>	**dum / de um**	masc. sing.
de	+ uns —>	**duns / de uns**	masc. plural
	+ uma (s) —>	**duma (s) / de uma (s)**	fem. sing. (plur.)
	+ um —>	**num**	masc. sing.
em	+ uns —>	**nuns**	masc. plural
	+ uma (s) —>	**numa (s)**	fem. sing. (plur.)

Ex.: Este livro é dum (de um) escritor conhecido.
Ela vive numa casa enorme.

PORTUG-10

2. DETERMINANTES DEMONSTRATIVOS

Indica ou mostra de que objecto, pessoa, etc., se trata, situando-os relativamente, às pessoas gramaticais, no tempo e no espaço. Concordam em género e número com o nome que determinam.

	este	esta	estes	estas
masc./fem. /sing./ plur	esse	essa	esses	essas
	aquele	aquela	aqueles	aquelas

Normalmente, estes demonstrativos aparecem assim associados no discurso directo e indirecto:

este ——> eu, nós, cá, aqui, agora,hoje, ontem, amanhã, na semana passada, no próximo ano (discurso directo)
esse ——> tu, vocês, aí, ali, lá (discurso directo)
aquele ——> ele(s), ela(s), lá, nessa altura, naquele dia, no dia anterior, no dia seguinte (discurso indirecto)

Há ainda outros demonstrativos: o mesmo, o outro, o tal.

Ex.: Este livro foi caro.
Aquela casa é grande.
Esse casaco é bonito.
Eu fiz o mesmo trabalho, no ano passado.
Ele prefere a outra gravata.
Comprei o tal vestido de que te falei.

3. DETERMINANTES POSSESSIVOS

Concorda, em número e pessoa, com o sujeito possuidor, e em género e número com o nome referente ao objecto possuído

VER grafia 1.ª, 2.ª ,3.ª pessoas

		Um possuidor		Vários possuidores	
		Um objecto	**Vários objectos**	**Um objecto**	**Vários objectos**
1.ª pessoa	masc. fem.	meu minha	meus minhas	nosso nossa	nossos nossas
2.ª pessoa	masc. fem.	teu tua	teus tuas	vosso vossa	vossos vossas
2.ª pessoa no tratamento por você (sing.)	masc. fem.	seu sua	seus suas		
3.ª pessoa	masc. fem.	seu (dele, dela) sua (dele, dela)	seus (dele, dela) suas (dele, dela)	seu (deles, delas) sua (deles, delas)	seus (deles, delas) suas (deles, delas)

Ex.: O meu telefone está avariado.
A que horas começam as tuas aulas?
Ó Pedro, o seu pai, a sua mãe, e os seus irmãos são muito simpáticos.
Portugal é um país bonito. O seu povo é muito acolhedor.
O pai dele esteve doente.
A Teresa é minha amiga e a mãe dela também.
A empresa apoia os nossos projectos e as propostas deles também.
As vossas ideias são inovadoras.
Os filhos deles são meus primos.

4. DETERMINANTES INDEFINIDOS

Indicam, de modo impreciso, os seres e os objectos que determinam. (Comparar com as formas dos pronomes invariáveis: ninguém, nada, alguém, tudo,)

	singular		plural	
	algum(a)	outro(a)	alguns(umas)	outros(as)
masc.(fem.)	certo(a)	pouco(a)	certos(as)	poucos(as)
	muito(a)	nenhum(a)	muitos(as)	nenhuns(umas)
	qualquer *	tanto(a)	quaisquer *	tantos(as)
	mesmo(a)	todo(a)	mesmos	todos(as)

* Forma irregular

Ex.: Já viste algum filme português?
Li todos os textos do livro.
Alguns políticos de certos partidos têm sempre o mesmo discurso: muitas promessas e poucas realizações.
Não há nenhuma indicação?
O professor não pôs quaisquer obstáculos às nossas sugestões.
Todas e quaisquer sugestões são ouvidas.
A matéria é cada vez mais difícil.
"Toda a gente quer a fortuna e ninguém quer a pobreza". (Gil Vicente)

5. e 6. DETERMINANTES INTERROGATIVOS, EXCLAMATIVO E RELATIVO

Os determinantes **interrogativos** introduzem frases interrogativas directas e indirectas.

	sing.	plural	forma invariável
masc. (fem.)	qual	quais	que
	quanto(a)	quanta(s)	

Ex.: Qual é o carro que vais comprar?
Quantos anos tens?
Ele perguntou-me quanto dinheiro tinha.
Que autor português preferes?
De que marcas gostas mais?

O determinante **exclamativo**, tal como o interrogativo, apresenta a forma invariável **que**. Surge em frases exclamativas, muito próprias e frequentes em língua portuguesa e traduzem uma ideia de quantidade. (Que sorte <u>tão</u> grande! Que olhos tão lindos!) Devido à presença do nome e ausência do verbo é considerado recentemente um determinante (ou mais raramente pronome) exclamativo.

Ex.: Que sorte! Que filme excepcional! Que lindos olhos! Que chatice!

O determinante **relativo** relaciona dois substantivos de orações diferentes e apresenta a forma variável cujo(s), cuja(s). Ver a rubrica Pronomes, cujas formas (que, quanto, quem, onde) são mais frequentes.

Ex.: São raros os alunos interessados cujos professores são desinteressados.

7. DETERMINANTES NUMERAIS

Determinam o número de unidades ou a quantidade de coisas ou seres designados pelo nome. Com uma identidade particular, devem incluir-se actualmente na classe de determinantes (ou pronomes) porque estão obrigatoriamente relacionados com os nomes, concordando com eles em género e número.
Podem ser cardinais ou ordinais. Ver rubrica Pronomes.

1. CARDINAIS

0	zero	15	quinze	101	cento e um, cento e uma
1	um, uma	16	dezasseis	200	duzentos (as)
2	dois, duas	17	dezassete	300	trezentos (as)
3	três	18	dezoito	400	quatrocentos (as)
4	quatro	19	dezanove	500	quinhentos (as)
5	cinco	20	vinte	600	seiscentos (as)
6	seis (meia dúzia)	21	vinte e um, vinte e uma	700	setecentos (as)
7	sete	30	trinta	800	oitocentos (as)
8	oito	40	quarenta	900	novecentos (as)
9	nove	50	cinquenta	1000	mil
10	dez (uma dezena)	60	sessenta	1001	mil e um, mil e uma
11	onze	70	setenta	2000	dois mil
12	doze (uma dúzia)	80	oitenta	3000	três mil
13	treze	90	noventa	10 000	dez mil
14	catorze	100	cem (um cento)	1 000 000	um milhão

Ex.: Eles ficaram em primeiro e terceiro lugar.
Tomo dois cafés por dia.
Esta revista custou 4 euros.

2. ORDINAIS

1.º	primeiro	6.º	sexto	11.º	décimo primeiro
2.º	segundo	7.º	sétimo	12.º	décimo segundo
3.º	terceiro	8.º	oitavo	20.º	vigésimo
4.º	quarto	9.º	nono	100.º	centésimo
5.º	quinto	10.º	décimo	1000.º	milésimo

IV. PRONOMES

Os pronomes substituem e desempenham as funções exercidas pelo grupo do nome, pelo adjectivo ou por uma frase inteira.

Ex.: O Frederico é meu amigo e teu também. Ele é mais disponível que os outros.
Ele disse muitas coisas complexas, mas aquilo não me convenceu.
Todos fizeram muitas promessas.

A classe dos pronomes apresenta as seguintes subclasses:

1. Pessoais
2. Demonstrativos
3. Possessivos
4. Indefinidos
5. Relativos
6. Interrogativos
   Exclamativos
7. Numerais

1. PRONOMES PESSOAIS

	FORMAS	SUJEITO	COMPLEMENTOS	
			ÁTONAS	TÓNICAS (junto a preposições)
	1.ª pessoa	eu	me	mim, comigo
SING.	2.ª p.	tu, você	te, lhe, se	ti, contigo, si, consigo
	3.ª p.	ele, ela	o, a, lhe, se	ele, ela, si, consigo
PLURAL	1.ª p.	nós	nos	nós, connosco
	2.ª p.	vós, vocês	vos	vós, convosco
	3.ª p.	eles, elas	os, as, lhes, se	eles, elas

COLOCAÇÃO DO PRONOME PESSOAL NAS FORMAS DE COMPLEMENTO DIRECTO E INDIRECTO

1. O pronome coloca-se, geraqlmente, **depois da forma verbal e ligado por um hífen**.

Ex.: Eu dei-lhe uma prenda.
Levantaste-te cedo!
Conhecemo-nos há muito tempo!

1.1. O pronome -o, -a, -os, -as não se altera, se a forma verbal terminar em vogal ou ditongo oral.

Ex.: Vejo-a muitas vezes na faculdade.
Este livro, comprei-o para o António.

1.2. Se a forma verbal terminar em -r, -s, -z, essa consoante é eliminada e o pronome toma a forma de -lo, -la, -los, -las.

Ex.: Este livro, tu vais comprá-lo e eu vou lê-lo (ler + o; portanto infinitivo + pronome).
Os filmes de desenhos animados, víamo-los (víamos+os) em crianças.
Vê este desenho, fi-lo (fiz + o) para ti. (Nos verbos dizer, fazer, trazer)

1.3. Quando a forma verbal termina em sílaba ou ditongo nasal - am, -em ,-im, -ão, -õe, (portanto, geralmente nas 3.as pessoas) o pronome toma a forma de -no, -na, -nos, -nas.

Ex.: Ele comprou um carro novo. Tem-no desde a semana passada.
Eles fizeram uns bons trabalhos e venderam-nos facilmente.
Os donativos, dão-nos para a Cruz Vermelha.
Trouxeste as minhas coisas? Põe-nas aí, em cima da mesa.

2. Frequentemente, o pronome coloca-se **antes do verbo** e depois de palavras menores sendo atraído por estas conjunções, preposições e advérbios. Assim: conj./prep./adv.+ pronome pessoal + verbo.

Ex.: Pedi-lhe para me contactar porque gostava de o ver.

2.1. Depois de conjunções subordinativas, portanto, nas orações subordinadas:

Ex.: Quando o vejo, fico contente.
Não percebo porque nos vamos embora.
Quero que me respondas.
Se lhe falas assim, ele castiga-te.
O livro que lhe demos é bom.
Como te telefonei, já não vou a tua casa.

2.2. Geralmente depois das preposições, portanto, nas orações infinitivas. O pronome pessoal nunca se contrai com as preposições.

Ex.: Acabo de o ver.
Por a conhecer bem, convidei-a para almoçar.
Até lhe falarmos, passou muito tempo.
Ele disse-me para vos telefonar.

2.3. Depois dos advérbios de negação, portanto, nas frases negativas.

Ex.: Não lhe dizes nada?
Não se levantem tarde!
Nunca nos escreves.

2.4. Geralmente depois de outros advérbios.

Ex.: Esse livro, já o li!
Só te queria ver.
Lembro-me onde a conheci.
Eu bem vos disse!

Nota: Não se inclui aqui o futuro nem o condicional pronominais.

CONTRACÇÃO DOS PRONOMES PESSOAIS (formas de complemento indirecto + complemento directo)

mo = me + o	ma = me + a	mos = me + os	mas = me + as
to = te + o	ta = te + a	tos = te + os	tas = te + as
lho = lhe + o	lha = lhe + a	lhos = lhe + os	lhas = lhe + as
no-lo = nos + o	no-la = nos + a	no-los = nos + os	no-las = nos + as
vo-lo = vos + o	vo-la = vos + a	vo-los = vos + os	vo-las = vos + as
lhos = lhes + o	lhas = lhes + a	lhos = lhe + os	lhas = lhe + as

2. PRONOMES DEMONSTRATIVOS

Apresentam formas variáveis (ver determinantes demonstrativos) e invariáveis: isto, isso, aquilo (do neutro latino).

Ex.: Essa caneta é minha, aquela não.
Este livro é do Ricardo, o outro não sei de quem é.
Eu fiz o mesmo que tu.
Pintei isto para te dar.
Não compreendi aquilo que disseste.

São pronomes demonstrativos as palavras o, a, os, as, antes do pronome relativo que e da preposição de.

Ex.: O que ele disse é interessante.
Os alunos que estudam têm sucesso. Os que não estudam não aprendem.
Que lição estudaste? A da página 23.

3. PRONOMES POSSESSIVOS

Os pronomes possessivos designam uma relação de posse entre o(s) possuidor(es) e o(s) objectos(s) possuído(s). Têm as mesmas formas dos Determinantes Possessivos.

Ex.: O meu (det.) irmão estuda Engenharia. E o teu (pron.)?

4. PRONOMES INDEFINIDOS

Referem-se à 3.ª pessoa gramatical de um modo indefinido
Têm formas variáveis (ver Determinantes Indefinidos) e formas invariáveis: alguém, ninguém, tudo, nada, cada um.

Ex.: Destes jovens, alguns trabalham, outros não.
Lês muitos romances? Eu leio poucos.
Alguém bateu à porta.
Ninguém estava lá.
Eu vi tudo o que se passou.
Não comprei nada na feira.
Cada um tem a sua opinião.

5. PRONOMES RELATIVOS

Têm a função de substituir e representar o grupo do nome que o antecede.
Formas variáveis: (o)qual, (os)quais; quanto(s), quanta(s).

Ex.: Destes livros, vou dizer-te quais prefiro.
Tudo quanto ele escreve me interessa.
Já li o livro que me deste, o qual muito me agradou.

Formas invariáveis: que, quem, onde.
Que – pode exercer a função de sujeito e do complemento directo.

Ex.: A carta que está aqui é para ti.
A carta que eu escrevi é para o Jorge.

Quem – refere-se a pessoas.

Ex.: Quem chegou foi o Carlos.

Onde – indica a localização no espaço e no tempo.

Ex.: A cidade onde (em que) vivo é pequena.
O Natal é a festa onde (em que) a família se encontra.

6. PRONOMES INTERROGATIVOS E EXCLAMATIVO

Apresentam formas variáveis (ver Determinantes Interrogativos) e formas invariáveis.
Formas variáveis: qual, quais; quanto(s), quanta(a)s. Referem-se a pessoas e coisas.

Ex.: Desses programas qual preferes?
Queres laranjas? Quantas?

Formas invariáveis: quem (para pessoas) que (para coisas)

Ex.: Quem fez isto?
Perguntei quem chegou.

Ex.: Que fizeste ontem à noite?
Que disse a Fátima?

O exclamativo marca a ideia de quantidade.

Ex.: Que bem! Que depressa!

7 – NUMERAIS

Indicam uma quantidade exacta de pessoas ou coisas: são os numerais cardinais.
Podem também indicar a ordem que ocupam numa série de elementos: são os numerais ordinais. Ver rubrica Determinantes Numerais

Ex.: Um século tem cem anos. Uma década tem dez anos. Um ano tem doze meses, ou dois semestres, ou quatro trimestres, ou cinquenta e duas semanas ou 365 (trezentos e sessenta e cinco) dias. Um dia tem vinte e quatro horas, uma hora tem sessenta minutos, um minuto tem sessenta segundos.

V. VERBO

TRADUZEM ACÇÕES

São as palavras mais flexionadas e variam em número, pessoa, tempo, modo, voz e forma. O aspecto não é abordado aqui. Consultar da página 157 à 165.
Os verbos em português apresentam uma particular riqueza flexional. Têm 14 tempos simples e 10 tempos compostos.
Apresenta-se aqui a descrição total da flexão dos tempos e modos para conhecimento passivo dos utilizadores deste manual. Distribuem-se em três grupos de três conjugações distintas terminados, segundo a vogal temática: a, e, i.

1.ª conj. – ar
2.ª conj. – er
3.ª conj. – ir

Nota:
Só o verbo pôr e seus derivados têm uma terminação diferente (proveniente do latim ponere. —> ponere -> poer -> pôr).
É um verbo muito irregular que é considerado da 2.ª conjugação.

Modos	Tempos	Simples	Compostos
Indicativo	Presente	faço	
	Pretérito imperfeito	gostava	tinha saído
	Pret. perfeito	dancei	tenho trabalhado
	Pret. mais que perfeito	escrevera	tinha pensado
	Futuro	irei	terei feito
	Condicional	poria	teria encontrado
Conjuntivo			
	Presente	que eu coma	
	Pretérito imperf.	se tu perguntasses	se eu tivesse corrigido
	Pret. perfeito		que ela tenha respondido
	Pret. mais q. perf.	que eu tivesse vindo	
	Futuro	quando eu pedir	quando eu tiver morrido
Imperativo		corre	

Notas importantes:

Formas de tratamento

"Você" (ou muito raramente vossemecê) emprega-se num contexto familiar frequentemente rural arcaizante. Oportunamente, "você" é também empregue num contexto empresarial, urbano e televisivo.
"Vós" é uma forma arcaizante, que está restrita ao contexto litúrgico, político, familiar rural.
Deliberadamente por razões práticas aparece como paradigma (entre parêntesis) e a par com «vocês», que está largamente difundido (no trabalho, nas aulas, em família).
Todo o tratamento diferente do «**tu**» isto é, por você ou vocês (explícito ou não), leva o verbo para a 3.ª pessoa do singular ou do plural.

Ex.: – Vai-se já embora, Luísa?
– O Sr. Dr. dá as notas hoje?
– Vocês não se calam!
– (Vocês) levam-me de carro?
– Já todos me entregaram o trabalho?

Com interlocutores desconhecidos ou cerimoniosos:

– Os senhores vão sempre em frente e depois viram à esquerda.
– Podem contactar-me, por favor?

MODO

O **modo indicativo** traduz as acções passadas na realidade ou tidas como certas.

Ex.: – Eu trabalho num escritório como secretária.
– Ontem, dormi mal.
– Dantes fazia ginástica.
– Amanhã vou mandar este e-mail.

O **modo conjuntivo,** muito frequentemente usado em português, traduz as acções eventuais, hipotéticas mas não absolutamente certas.

Ex.: Quero que ele venha depressa.
Espero que ela chegue hoje.
Talvez eles comprem o BMW, se venderem o Peugeot.
Se ela falasse bem português, iria para Lisboa este mês.

O **modo imperativo** traduz ordens ou pedidos.
Teoricamente o imperativo apresenta duas formas: tu e vós, depois do verbo.

Ex.: – Vai tu.
– Ide vós. (em desuso)

Na prática, sucede que para exprimir o imperativo se utilizam:

1. Imperativo: uma forma apenas para o tratamento por tu, igual ao presente do indicativo, 3.ª pessoa. Só é usada na forma afirmativa.

Ex.:

Telefona-me!	Vai depressa!
Corre!	Faz os exercícios!
Espera!	Despacha-te!

2. Forma do conjuntivo: três formas para: você, nós, vocês. Usa-se na negativa também com tu.

Ex.: – Telefone-me logo! (você)
– Não me telefones hoje! (tu)
– Ora, vejamos! (nós)
– Escrevam urgentemente! (vocês)
– Vão-se deitar! (vocês)
– Façam os exercícios.(vocês)
– Respeite o ambiente (você)

– Preserve a Natureza.
– Mantenha a praia limpa.
– Não comas bolos.
– Não vás tão depressa.
– Não se preocupe.
– Não escrevam erros.
– Não façam asneiras!

O imperativo pode ser substituído por outras formas de persuasão.

Ex.: Não fume! –> Pede-se o favor de não fumar.
– > Não fumar, por favor
–> Proibido fumar
Abre a janela! –> Pode abrir a janela, por favor?
Diz a verdade. –> É/Será melhor dizeres a verdade...

O imperativo é muito utilizado nas campanhas de educação cívica e geralmente, na publicidade.de grande público, pouco elaborada.

O **modo infinitivo** flexionado é muito utilizado sobretudo nas proposições finais. (Por exemplo, depois das locuções verbais «dizer para» e «pedir para»). É sempre regular e evita o emprego do conjuntivo mesmo quando há dois sujeitos diferentes nas duas orações.

Ex.: Eu escrevi aos meus pais para eles me mandarem dinheiro.
Eles pediram-me para eu ir hoje.
Tu insististe em eu vir cedo.
O médico disse-te para tu descansares.
Pensei em vocês ficarem cá.
Nós chegamos antes de vocês fazerem as malas.
Eu cheguei depois de tu teres partido.

MODO INDICATIVO – OS TEMPOS

Ao **presente** estão associadas, normalmente, expressões de tempo e de lugar que «presentificam a acção».

Ex.: agora, hoje, neste momento, nesta semana, neste ano; aqui, cá.
Eles dormem cá hoje.

O **pretérito perfeito simples** traduz uma acção bem acabada no tempo através de várias expressões que localizam quando ela se passou.

Ex.: Ontem cheguei às 5 horas.
Ele acabou o curso no ano passado.
Em 1498, Vasco da Gama chegou à Índia.
Portugal nasceu no século XII.

É importante referir que os **pretéritos perfeitos simples e composto** têm empregos diferentes, e não são correspondentes. Ao contrário do primeiro, a forma composta exprime uma acção mais indefinida no tempo; traduz uma acção prolongada (frequentemente problemática), que vai do passado até ao presente e poderá continuar no futuro.

Ex.: Tenho andado doente desde domingo (e continuo ou continuarei ainda doente)
A fábrica tem tido problemas nos últimos tempos ≠ a fábrica tem problemas ≠ a fábrica teve problemas

O **pretérito imperfeito** traduz as acções passadas e já concluídas mas não localizadas rigorosamente no tempo. Frequentemente traduz hábitos, portanto, acções repetidas muitas vezes. É o tempo dos contos maravilhosos e das descrições.

Ex.: Todos os Natais eram excelentes.
Dantes eu ia passar um mês à praia.
Era uma vez uma rainha que tinha duas filhas...
A praia estava deserta, as ondas subiam e desciam.
Antigamente não havia desemprego.

O **futuro simples** é menos utilizado do que o **futuro próximo** utilizado na língua falada.

Forma-se com: Presente do indicativo + Infinitivo
verbo ir verbo principal

Ex.: Amanhã vais sair do hospital.
Na próxima semana, vai haver saldos.
No próximo ano, eles vão mudar de casa.

O futuro simples utiliza-se mais na linguagem escrita, literária ou em registos lidos (noticiários, conferências, etc.).

Ex.: Amanhã haverá greve dos transportes.
No próximo ano, o desemprego aumentará.
No próximo milénio, as condições de vida modificar-se-ão.
No ano 2000, cerca de 250 milhões de pessoas falarão português.

O **condicional** (recentemente considerado como um tempo do modo indicativo) tem também um emprego bastante restrito. Pertence à linguagem escrita ou a registos escritos. Está associado a uma oração subordinada condicional. O português apresenta uma estrutura própria.

Forma-se com: **Se + imperfeito do conjuntivo + condicional ou imperfeito do indicativo.**

Ex.: Se me saísse a lotaria daria (ou dava) a volta ao Mundo.
Sem o tratado de paz, haveria mais mortos.
Se houvesse mais consciência cívica, a Terra estaria menos poluída.
Ter-se-iam encontrado umas ruínas do Paleolítico no Norte de Portugal.

O particípio passado é utilizado nos tempos compostos. As formas regulares acabam em -ado (1.ª conjugação) e em -ido (2.ª e 3.ª conj.). Há particípios irregulares.

Ex.: pagar – pago
fazer – feito
dizer – dito
escrever – escrito
abrir – aberto

Há alguns verbos com particípios duplos.

Ex.: ter confundido / estar confuso
ter aceitado / ser aceite
ter morrido / estar morto
ter matado / ser morto

Particípio presente ou gerúndio (no Brasil, emprega-se na perifrástica, também)

Ex.: Trabalhando é que se avança.
Vão-se revezando, ao volante, de duas em duas horas.
Passando pelo correio, chega à estação.
Estou trabalhando em casa. (no Brasil)

VOZ

Activa – auxiliar ter
Passiva – auxiliar ser
Entre a voz activa e a voz passiva há uma diferença no papel e na atitude do sujeito e na forma de os exprimir.

Ex.: A doente tem recuperado bem.
O banco foi assaltado durante a noite.
A paz foi assinada, depois de dois anos de guerra.
As encomendas são enviadas regularmente.
Uma criança foi atropelada à saída da escola.

Verbos com regime preposicional e expressões verbais especiais e correntes

acabar de
andar de/ a pé
apaixonar-se por
atender alguém (numa loja)
contentar-se com
desistir de
disfarçar-se de
divorciar-se de
dizer para
esperar por

estar em
fazer de
fazer por (em vez de)
fazer por (esforçar-se)
importar-se com
interessar-se por
ir a / para
ir de
mandar fazer

manifestar-se
olhar para
olhar por
parecer-se com
partir para
passar (de ano)
passar por
passar (no exame)
pedir para

pensar em
perguntar por
preocupar-se com
reparar em
representar (um papel)
sair (v. int.)
tratar de
vestir-se de
vir de (casa)

Forma perifrástica (aspecto verbal)

Traduz:

1. Uma **acção prolongada** e forma-se com o verbo estar + a (prep.) + verbo no infinitivo
   Verbos mais correntes: dormir, pensar, escrever, ver (T.V.), estudar, fazer (...), preparar, etc.

Ex.: Estou a trabalhar numa companhia de seguros.
Estávamos a comer e a ver o telejornal.

Uma **acção gradual** e forma-se com o verbo ir + verbo no gerúndio.

Ex.: Vai fazendo a sopa.
Vamos indo por aqui.

3. Uma **necessidade** e forma-se com o verbo ter + de (prep.) + verbo no infinitivo

Ex.: Tenho de ir para casa.
Vocês têm de fazer o trabalho.

4. Uma **vontade** e forma-se com o verbo haver + de (prep.) + verbo no infinitivo

Ex.: Havemos de conseguir ganhar o jogo.
Hei-de passar no exame.

VI. ADVÉRBIOS

São fundamentalmente os modificadores do verbo. São palavras invariáveis que numa frase substituem um grupo circunstancial ou têm essa função e colocam-se junto ao verbo.

Ex.: Ele responde bem e depressa.
Dantes trabalhava incansavelmente.
Tu andas sempre muito devagar.

1. Advérbios de tempo: antes, depois, cedo, tarde, logo, dantes, antigamente, anteontem, ainda, agora, amanhã, breve, doravante, enfim, então, entretanto, hoje, já, jamais, nunca, ontem, outrora e sempre:

Ex.: Agora não posso sair tão tarde.
Hoje ou amanhã queres ir ao cinema?
Ontem, já acabei o trabalho.

2. Advérbios de lugar: abaixo, acima, aí, cá, através (de), atrás (de), detrás (de), debaixo (de), dentro (de), fora (de), junto (a, de), longe (de).

Ex.: Ele mora perto de aqui .
Ali adiante, há lugar para o carro.

3. Advérbios de modo: assim, aliás, bem, como, debalde, mal, depressa, devagar, melhor, pior, quase, sobremaneira, sobretudo, e muitos outros advérbios terminados em -mente, como alegremente, comodamente, etc.

Ex.: Ele não é nem melhor nem pior do que os outros.
Vocês foram pura e simplesmente maravilhosos!

4. Advérbios de quantidade: bastante, bem, demasiado, demasiadamente, mais, menos, muito, pouco, quanto, quase, tanto, tão, etc.

Ex.: Não fales, nem de mais nem de menos.
Ela é muito elegante, mas pouco simpática.
Eu cheguei bastante cedo.

5. Advérbio de afirmação: já, sim, certamente, decerto, efectivamente, realmente, também, etc.

Ex.: Gostas também de aprender português? Sim, sim.

6. Advérbio de negação: jamais (uso restrito), não, negativamente, nunca, etc.

Ex.: Não me apetece sair.
Nunca mais o vi.

7. Advérbio de dúvida: acaso, porventura, possivelmente, provavelmente, quiçá, talvez, etc.

Ex.: Talvez deixe este apartamento (indicativo + talvez ou talvez + conjuntivo).
Vou deixar o apartamento, talvez ou provavelmente.

8. Advérbios de exclusão: apenas, exclusivamente, salvo, senão, simplesmente, só, somente, unicamente, excepto, etc.

Ex.: Só há unicamente um prémio: apenas para o melhor.
...

VII. CONJUNÇÕES

Ligam duas proposições ou orações, ou dois termos semelhantes dentro da mesma oração. São palavras invariáveis. Podem ser coordenativas (de coordenação) ou subordinativas (de subordinação).

Conjunções de coordenação:

1. Copulativas ou aditivas: e, nem.
2. Adversativas ou de oposição: mas, todavia, contudo, porém, no entanto.

3. Disjuntivas ou alternativas: ou... ou; ora;..... ora; nem... nem; quer... quer.
4. Conclusivas: logo, por isso, então, portanto, assim, pois.

Ex.: 1. Ela entrou e saiu logo a seguir. Não jantou nem deixou recado.
2. O telefone tocou mas ninguém atendeu. No entanto, a chamada era urgente.
3. Parto ou em Setembro ou em Outubro, mas nem vou contigo nem com ela.
4. Há greve de transportes, portanto tenho de ir de carro e então levo-te.

Conjunções ou locuções de subordinação

1. Finais: para (que), a fim de. As orações são, geralmente, infinitivas.

Ex.: Já te disse para apareceres (para que apareças).

2. Temporais: quando, enquanto, logo que, depois que, antes que.

Ex.: Eu telefono-te antes que ele chegue e logo que eu possa.

Causais: porque, pois, por causa de, por consequência, por conseguinte.

Ex.: A loja fechou por causa da crise e porque é demasiado grande.

Concessivas: embora, mesmo que (verbo no conjuntivo), apesar de (verbo no infinitivo).

Ex.: Ela tem 60 anos , embora não pareça (apesar de não parecer)

Consecutivas: de modo que, de tal maneira que, tão... que, tanto....que.

Ex.: Ficou tão ferido que foi para o hospital.

Comparativas: como, assim como, mais... que, menos... que.

Ex.: Deu- lhe mais do que podia.

Condicionais: se (ver rubrica: Modos dos verbos: condicional)

Ex.: Se estivesse bom tempo, ia à praia.

Integrantes ou completivas: que.

Ex.: Gosto imenso que venhas cá, mas queria que me ajudasses.

VIII. PREPOSIÇÕES

São palavras invariáveis que ligam partes do discurso no interior da frase: introduzem um complemento de substantivo - Ver a rubrica Verbos e regência preposicional.
As principais preposições e locuções prepositivas são as seguintes:

a	perante	debaixo de	em / à frente a
até	sem	para cima	atrás de
com	sobre	para baixo	por trás de
contra	trás	além de	junto de
de	antes de	antes de	perto de
desde	cerca de	depois de	dentro de
em	abaixo de	ao lado de	fora de
entre	acima de	ao meio de	à volta de
para	em / por cima de	atrás de	
por	em / por baixo de	em / à frente de	

Ex.: Desde manhã até à noite que o meu cão anda para cima e para baixo, passa pelas flores, ao lado do lago, vai atrás dos gatos, e fica junto da porta, em frente à casa, mas prefere ir para dentro. Gosta de estar dentro de casa, em cima do sofá ou debaixo da cama e ... longe da banheira.

IX. INTERJEIÇÕES[1]

São palavras invariáveis que traduzem emoções ou apelos ditos de forma espontânea, portanto do domínio da oralidade e da expressividade. Equivalem a frases exclamativas.

Viva! Olá! Puxa! Bravo! Coragem! Alto lá! Basta!

[1] Alguns gramáticos não lhes atribuem o estatuto de classes de palavras.

As interjeições e locuções mais correntes são as seguintes:

Admiração
Ah!

Agrado
Bestial! (fam)
Urra!
Que bom!
Ôba (bras.)

Desagrado
Oh!
Bolas!
Caramba!

Desejo
Deus queira!
Quem me dera!
Oxalá!

Dor
Ai!
Ui!

Incredulidade
Credo!
A sério?!
O quê?!

Perigo
Socorro!
Meu Deus!
Cuidado!

Saudação e Despedida
Adeus(inho)!
Viva!
Olá!
Chau (do "Ciao" italiano)

O VERBO VIVER

Do verbo viver
Faz parte nascer,
voar, cantar e saltar
e também amar
Mas não faz parte morrer

Do verbo viver
Faz parte sorrir
É o fluir dum rir
Dum rio a correr

Ir!
Não fugir
Do que tiver de ser

Não, nunca, jamais
São os advérbios
Que não vão co(n)viver
De que não faz parte morrer

E pôr e repor
são sempre de pôr
com o verbo viver = a amor
De que até faz parte morrer.

M. Fátima Matos

LISTA DOS VERBOS (importante consultar a rubrica **verbo** (págs. 150 a 153) e **pronomes pessoais** (pag. 148)

TOTALIDADE DAS PESSOAS E FORMAS UTILIZADAS	
eu sou **tu** és **você** é **ele/ela** é	**nós** somos **vós** sois (em desuso) **vocês** são **eles/elas** são

SER

MODOS	TEMPOS SIMPLES				
	PRESENTE	PRET. IMPERF.	PRET. PERF.	PRET. M.-Q.-PERF.	FUTURO
INDICATIVO	sou és é somos (sois) são	era eras era éramos (éreis) eram	fui foste foi fomos (fostes) foram	fora foras fora fôramos (fôreis) foram	serei serás será seremos (sereis) serão
CONJUNTIVO	seja sejas seja sejamos (sejais) sejam	fosse fosses fosse fôssemos (fôsseis) fossem	—	—	for fores for formos (fordes) forem
CONDICIONAL	seria serias seria seríamos (seríeis) seriam	—	—	—	—
IMPERATIVO	—	—	—	—	sê tu (sede vós) seja você sejam vocês

	PESSOAL	IMPESSOAL
INFINITIVO	ser seres ser sermos (serdes) serem	ser

OUTRAS FORMAS	
GERÚNDIO	PART. PASSADO
sendo	sido

TER

MODOS	TEMPOS SIMPLES				
	PRESENTE	PRET. IMPERF.	PRET. PERF.	PRET. M.-Q.-PERF.	FUTURO
INDICATIVO	tenho tens tem temos (tendes) têm	tinha tinhas tinha tínhamos (tínheis) tinham	tive tiveste teve tivemos (tivestes) tiveram	tivera tiveras tivera tivéramos (tivéreis) tiveram	terei terás terá teremos (tereis) terão
CONJUNTIVO	tenha tenhas tenha tenhamos (tenhais) tenham	tivesse tivesses tivesse tivéssemos (tivésseis) tivessem	—	—	tiver tiveres tiver tivermos (tiverdes) tiverem
CONDICIONAL	teria terias teria teríamos (teríeis) teriam	—	—	—	—
IMPERATIVO	tem tu tenha (você) (tende vós) tenhamos (nós) tenham (vocês)	—	—	—	—

	PESSOAL	IMPESSOAL
INFINITIVO	ter teres ter termos (terdes) terem	ter

OUTRAS FORMAS	
GERÚNDIO	PART. PASSADO
tendo	tido

HAVER (muito utilizado com o valor de «existir» apenas na 3.ª pessoa do singular porque é impessoal)

MODOS	TEMPOS SIMPLES				
	PRESENTE	PRET. IMPERF.	PRET. PERF.	PRET. M.-Q.-PERF.	FUTURO
INDICATIVO	hei hás há havemos (haveis) hão	havia havias havia havíamos (havíeis) haviam	houve houveste houve houvemos (houvestes) houveram	houvera houveras houvera houvéramos (houvéreis) houveram	haverei haverás haverá haveremos (havereis) haverão
CONJUNTIVO	haja hajas haja hajamos (hajais) hajam	houvesse houvesses houvesse houvéssemos (houvésseis) houvessem	—	—	houver houveres houver houvermos (houverdes) houverem
CONDICIONAL	haveria haverias haveria haveríamos (haveríeis) haveriam	—	—	—	—
IMPERATIVO	há (havei)	—	—	—	—

	PESSOAL	IMPESSOAL
INFINITIVO	haver haveres haver havermos (haverdes) haverem	haver

OUTRAS FORMAS	
GERÚNDIO	PART. PASSADO
havendo	havido

Verbos da 1.ª conjugação (1.º grupo)

Tema em -a: CANTAR

MODOS	TEMPOS SIMPLES				
	PRESENTE	PRET. IMPERF.	PRET. PERF.	PRET. M.-Q.-PERF.	FUTURO
INDICATIVO	canto cantas canta cantamos (cantais) cantam	cantava cantavas cantava cantávamos (cantáveis) cantavam	cantei cantaste cantou cantámos (cantastes) cantaram	cantara cantaras cantara cantáramos (cantáreis) cantaram	cantarei cantarás cantará cantaremos (cantareis) cantarão
CONJUNTIVO	cante cantes cante cantemos (canteis) cantem	cantasse cantasses cantasse cantássemos (cantásseis) cantassem	—	—	cantar cantares cantar cantarmos (cantardes) cantarem
CONDICIONAL	cantaria cantarias cantaria cantaríamos (cantaríeis) cantariam	—	—	—	—
IMPERATIVO	canta (tu) cante (você) cantemos (nós) (cantai vós) cantem (vocês)	—	—	—	—

	PESSOAL	IMPESSOAL
INFINITIVO	cantar cantares cantar cantarmos (cantardes) cantarem	cantar

OUTRAS FORMAS	
GERÚNDIO	PART. PASSADO
cantando	cantado

MODOS	TEMPOS COMPOSTOS				
	PRESENTE	PRET. IMPERF.	PRET. PERF.	PRET. M.-Q.-PERF.	FUTURO
INDICATIVO	—	—	tenho tens tem temos (tendes) têm } cantado	tinha tinhas tinha tínhamos (tínheis) tinham } cantado	terei terás terá teremos (tereis) terão } cantado
CONJUNTIVO	—	—	tenha tenhas tenha tenhamos (tenhais) tenham } cantado	tivesse tivesses tivesse tivéssemos (tivésseis) tivessem } cantado	tiver tiveres tiver tivermos (tiverdes) tiverem } cantado
CONDICIONAL	teria terias teria teríamos (teríeis) teriam } cantado	—	—	—	—
IMPERATIVO	—	—	—	—	—

	PESSOAL	IMPESSOAL
INFINITIVO	ter teres ter termos (terdes) terem } cantado	ter cantado

OUTRAS FORMAS	
GERÚNDIO	PART. PASSADO
tendo cantado	—

Verbos da 2.ª conjugação (2.º grupo)

Tema em -e: CORRER

MODOS	TEMPOS SIMPLES				
	PRESENTE	PRET. IMPERF.	PRET. PERF.	PRET. M.-Q.-PERF.	FUTURO
INDICATIVO	corro corres corre corremos (correis) correm	corria corrias corria corríamos (corríeis) corriam	corri correste correu corremos (correstes) correram	correra correras correra corrêramos (corrêreis) correram	correrei correrás correrá correremos (correreis) correrão
CONJUNTIVO	corra corras corra corramos (corrais) corram	corresse corresses corresse corrêssemos (corrêsseis) corressem	—	—	correr correres correr corrermos (correrdes) correrem
CONDICIONAL	correria correrias correria correríamos (correríeis) correriam	—	—	—	—
IMPERATIVO	corre (tu) corra (você) corramos (nós) (correi vós) corram (vocês)	—	—	—	—

	PESSOAL	IMPESSOAL
INFINITIVO	correr correres correr corrermos (correrdes) correrem	correr

OUTRAS FORMAS	
GERÚNDIO	PART. PASSADO
correndo	corrido

MODOS	TEMPOS COMPOSTOS				
	PRESENTE	PRET. IMPERF.	PRET. PERF.	PRET. M.-Q.-PERF.	FUTURO
INDICATIVO	—	—	tenho tens tem temos (tendes) têm } corrido	tinha tinhas tinha tínhamos (tínheis) tinham } corrido	terei terás terá teremos (tereis) terão } corrido
CONJUNTIVO	—	—	tenha tenhas tenha tenhamos (tenhais) tenham } corrido	tivesse tivesses tivesse tivéssemos (tivésseis) tivessem } corrido	tiver tiveres tiver tivermos (tiverdes) tiverem } corrido
CONDICIONAL	teria terias teria teríamos (teríeis) teriam } corrido	—	—	—	—
IMPERATIVO	—	—	—	—	—

	PESSOAL	IMPESSOAL
INFINITIVO	ter teres ter termos (terdes) terem } corrido	ter corrido

OUTRAS FORMAS	
GERÚNDIO	PART. PASSADO
tendo corrido	—

Tema em -i: DISCUTIR

MODOS	TEMPOS SIMPLES				
	PRESENTE	PRET. IMPERF.	PRET. PERF.	PRET. M.-Q.-PERF.	FUTURO
INDICATIVO	discuto discutes discute discutimos (discutis) discutem	discutia discutias discutia discutíamos (discutíeis) discutiam	discuti discutiste discutiu discutimos (discutistes) discutiram	discutira discutiras discutira discutíramos (discutíreis) discutiram	discutirei discutirás discutirá discutiremos (discutireis) discutirão
CONJUNTIVO	discuta discutas discuta discutamos (discutais) discutam	discutisse discutisses discutisse discutíssemos (discutísseis) discutissem	—	—	discutir discutires discutir discutirmos (discutirdes) discutirem
CONDICIONAL	discutiria discutirias discutiria discutiríamos (discutiríeis) discutiriam	—	—	—	—
IMPERATIVO	discute (tu) discuta (você) discutamos (nós) (discuti vós) discutam (vocês)	—	—	—	—

	PESSOAL	IMPESSOAL
INFINITIVO	discutir discutires discutir discutirmos (discutirdes) discutirem	discutir

OUTRAS FORMAS	
GERÚNDIO	PART. PASSADO
discutindo	discutido

MODOS	TEMPOS COMPOSTOS				
	PRESENTE	PRET. IMPERF.	PRET. PERF.	PRET. M.-Q.-PERF.	FUTURO
INDICATIVO	—	—	tenho tens tem temos (tendes) têm } discutido	tinha tinhas tinha tínhamos (tínheis) tinham } discutido	terei terás terá teremos (tereis) terão } discutido
CONJUNTIVO	—	—	tenha tenhas tenha tenhamos (tenhais) tenham } discutido	tivesse tivesses tivesse tivéssemos (tivésseis) tivessem } discutido	tiver tiveres tiver tivermos (tiverdes) tiverem } discutido
CONDICIONAL	teria terias teria teríamos (teríeis) teriam } discutido	—	—	—	—
IMPERATIVO	—	—	—	—	—

	PESSOAL	IMPESSOAL
INFINITIVO	ter teres ter termos (terdes) terem } discutido	ter discutido

OUTRAS FORMAS	
GERÚNDIO	PART. PASSADO
tendo discutido	—

Lista dos principais verbos e formas irregulares

DAR

Ind. pres.:	Dou, dás, dá, damos, (dais), dão.
Ind. pret. perf.:	Dei, deste, deu, demos, (destes), deram.
Conj. pres.:	Dê, dês, dê, dêmos, (deis), dêem.
Conj. pret. imp.:	Desse, desses, desse, déssemos, (désseis), dessem.
Conj. fut.:	Der, deres, der, dermos, (derdes), derem.
Imperativo:	Dá (tu), dê (você), demos (nós), dai (vós) dêem (vocês).

ESTAR

Ind. pres.:	Estou, estás, está, estamos, (estais), estão.
Ind. pret. perf.:	Estive, estiveste, esteve, estivemos, (estivestes), estiveram.
Conj. pres.:	Esteja, estejas, esteja, estejamos, (estejais), estejam.
Conj. pret. imp.:	Estivesse, estivesses, estivesse, estivéssemos, (estivésseis), estivessem.
Conj. fut.:	Estiver, estiveres, estiver, estivermos, (estiverdes), estiverem.
Imperativo:	Está (tu), esteja você, estejamos (nós), estai (vós); estejam (vocês).

DIZER

Ind. pres.:	Digo, dizes, diz, dizemos, (dizeis), dizem.
Ind. pret. perf.:	Disse, disseste, disse, dissemos, (dissestes), disseram.
Ind. futuro:	Direi, dirás, dirá, diremos, (direis), dirão.
Cond. pres.:	Diria, dirias, diria, diríamos, (diríeis), diriam.
Conj. pres.:	Diga, digas, diga, digamos, (digais), digam.
Conj. pret. imp.:	Dissesse, dissesses, dissesse, disséssemos, (dissésseis), dissessem.
Conj. fut.:	Disser, disseres, disser, dissermos, (disserdes), disserem.
Imperativo:	Diz (tu), diga você, digamos (nós), dizei (vós), digam (vocês).
Part. pas.:	Dito.

Obs.: Como este: **bendizer, contradizer, desdizer, maldizer, predizer**, etc.

FAZER

Ind. pres.:	Faço, fazes, faz, fazemos, (fazeis), fazem.
Ind. pret. perf.:	Fiz, fizeste, fez, fizemos, (fizestes), fizeram.
Ind. futuro:	Farei, farás, fará, faremos, (fareis), farão.
Cond. pres.:	Faria, farias, faria, faríamos, (faríeis), fariam.
Conj. pres.:	Faça, faças, faça, façamos, (façais), façam.
Conj. pret. imp.:	Fizesse, fizesses, fizesse, fizéssemos, (fizésseis), fizessem.
Conj. fut.:	Fizer, fizeres, fizer, fizermos, (fizerdes), fizerem.
Imperativo:	Faz (tu), faça (você), façamos (nós), fazei (vós), façam (vocês).
Part. pas.:	Feito.

Obs.: Como este: **contrafazer, desfazer, perfazer, rarefazer, satisfazer.**

LER

Ind. pres.:	Leio, lês, lê, lemos, (ledes), lêem.
Conj. pres.:	Leia, leias, leia, leiamos, (leiais), leiam.
Imperativo:	Lê (tu), leia (você), leiamos (nós), lede (vós), leiam (vocês).

Obs.: Como este: **reler, tresler.**

PODER

Ind. pres.:	Posso, podes, pode, podemos, (podeis), podem.
Ind. pret. perf.:	Pude, pudeste, pôde, pudemos, (pudestes), puderam.
Conj. pres.:	Possa, possas, possa, possamos, (possais), possam.
Conj. pret. imp.:	Pudesse, pudesses, pudesse, pudéssemos, (pudésseis), pudessem.
Conj. fut.:	Puder, puderes, puder, pudermos, (puderdes), puderem.

Obs.: Não tem imperativo.

PÔR

Ind. pres.:	Ponho, pões, põe, pomos, (pondes), põem.
Ind. pret. imp.:	Punha, punhas, punha, púnhamos, (púnheis), punham.
Ind. pret. perf.:	Pus, puseste, pôs, pusemos, (pusestes), puseram.
Conj. pres.:	Ponha, ponhas, ponha, ponhamos, (ponhais), ponham.
Conj. pret. imp.:	Pusesse, pusesses, pusesse, puséssemos, (pusésseis), pusessem.
Conj. fut.:	Puser, puseres, puser, pusermos, (puserdes), puserem.
Imperativo:	Põe (tu), ponha (você), ponhamos (nós), ponde (vós), ponham (vocês).
Part. passado:	Posto

Obs.: Como este, todos os seus derivados: compor, dispor, propor, repor, supor, etc.

QUERER

Ind. pres.:	Quero, queres, quer, queremos, (quereis), querem.
Ind. pret. perf.:	Quis, quiseste, quis, quisemos, (quisestes), quiseram.
Conj. pres.:	Queira, queiras, queira, queiramos, (queirais), queiram.
Conj. pret. imp.:	Quisesse, quisesses, quisesse, quiséssemos, (quisésseis), quisessem.
Conj. fut.:	Quiser, quiseres, quiser, quisermos, (quiserdes), quiserem.

Obs.: Não tem imperativo.

SABER

Ind. pres.:	Sei, sabes, sabe, sabemos, (sabeis), sabem.
Ind. pret. perf.:	Soube, soubeste, soube, soubemos, (soubestes), souberam.
Conj. pres.:	Saiba, saibas, saiba, saibamos, (saibais), saibam.
Conj. pret. imp.:	Soubesse, soubesses, soubesse, (soubéssemos), soubésseis, soubessem.
Conj. fut.:	Souber, souberes, souber, soubermos, (souberdes), souberem.

TRAZER

Ind. pres.:	Trago, trazes, traz, trazemos, (trazeis), trazem.
Ind. pret. perf.:	Trouxe, trouxeste, trouxe, trouxemos, (trouxestes), trouxeram.
Ind. futuro.:	Trarei, trarás, trará, traremos, (trareis), trarão.
Cond. pres.:	Traria, trarias, traria, traríamos, (traríeis), trariam.
Conj. pres.:	Traga, tragas, traga, tragamos, (tragais), tragam.
Conj. pret. imp.:	Trouxesse, trouxesses, trouxesse, trouxéssemos, (trouxésseis), trouxessem.
Conj. fut.:	Trouxer, trouxeres, trouxer, trouxermos, (trouxerdes), trouxerem.
Imperativo:	Traz (tu), traga (você), tragamos (nós), trazei (vós), tragam (vocês).

VER

Ind. pres.:	Vejo, vês, vê, vemos, (vedes), vêem.
Ind. pret. perf.:	Vi, viste, viu, vimos, (vistes), viram.
Conj. pres.:	Veja, vejas, veja, vejamos, (vejais), vejam.
Conj. pret. imp.:	Visse, visses, visse, víssemos, (vísseis), vissem.
Conj. fut.:	Vir, vires, vir, virmos, (virdes), virem.
Imperativo:	Vê (tu), veja (você), vejamos (nós), vede (vós), vejam (vocês).
Part. passado:	Visto

Obs.: Como este: antever, entrever, prever, rever.

IR

Ind. pres.:	Vou, vais, vai, vamos, (ides), vão.
Ind. pret. perf.:	Fui, foste, foi, fomos, (fostes), foram.
Ind. fut.:	Irei, irás, irá, iremos, (ireis), irão.
Cond. pres.:	Iria, irias, iria, iríamos, (iríeis), iriam.
Conj. pres.:	Vá, vás, vá, vamos, (vades), vão.
Conj. pret. imp.:	Fosse, fosses, fosse, fôssemos, (fôsseis), fossem.
Cond. fut.:	For, fores, for, formos, (fordes), forem.
Imper.:	Vai (tu), vá (você), vamos (nós), ide (vós), vão (vocês).

SAIR

Ind. pres.:	Saio, sais, sai, saímos, (sais), saem.
Ind. pret. perf.:	Saí, saíste, saiu, saímos, (saístes), saíram.
Conj. pres.:	Saia, saias, saia, saiamos, (saiais), saiam.
Imperativo:	Sai (tu), saia (você), saiamos (nós), saí (vós), saiam (vocês).

Obs.: Como este: atrair, cair, contrair, distrair, esvair, retrair, sobressair, trair.

VIR

Ind. pres.:	Venho, vens, vem, vimos, (vindes), vêm.
Ind. pret. perf.:	Vim, vieste, veio, viemos, (viestes), vieram.
Conj. pres.:	Venha, venhas, venha, venhamos, (venhais), venham.
Imperativo:	Vem (tu), venha (você), venhamos (nós), vinde (vós), venham (vocês).

Obs.: Como este: intervir.

APÊNDICE LEXICAL

– O Senhor já reparou bem num dicionário?... Num dicionário qualquer... Tanto faz... Já reparou?
Pois a mim faz-me lembrar sabe o quê?
Um jazigo de família, ou melhor, um jazigo da nação. Uma espécie de mausoléu de papel, onde gerações empilharam séculos e séculos de palavras. Alguma já definitivamente mortas, cobertas de bichos, outras quase a morrer... E muitas, apenas adormecidas, à espera de um toque de dedos para regressarem à vida diária... onde utilizamos ao todo quantas palavras vivas – diga-me lá quantas? Quinhentas? Mil? Nem tantas talvez!
Garanto-lhe que (...) quando ouço de manhã até à noite os mesmos termos... as eternas expressões... os substantivos inevitáveis... os adjectivos fatais... e o verbo ser, o verbo haver, e o verbo fazer... sabe o que me apetece? (...) Gritar aos homens: não deixem morrer as palavras!

José Gomes Ferreira

a art., prep., pr.	la; à; celle	the; to; her	die; zu; diejenige
à, (a + a), ao (a + o) prep + art.	à la, au	to (the)	für, zu
a direito loc. prep.	tout droit	right ahead	immer geradeaus
abraçar, dar um abraço	étreindre	to hug	umarmen
Abril n.	avril	April	April
abrir v.	ouvrir	to open	öffnen
acabar v.	finir, terminer	to finish	beenden
~ de v.	venir de	to have just	soeben etwas getan haben
acalmar v.	calmer	to calm down	beruhigen
o acaso, por ~	le hasard, par ~	chance, by –	der Zufall, zufällig
aceitar v.	accepter	to accept	akzeptieren, annehmen
o acento	l'accent	accent	der Akzent
acertar v.	répondre correctement	to answer correctly	herausfinden; richtig machen
	réussir la cible	to hit upon, to set right	treffen
achar v.	trouver; croire	to find; to think	finden
o acidente	l'accident	accident	der Unfall
aconselhar v.	conseiller	to advise	beraten
acordar v.	se réveiller	to wake up	aufwachen, wach werden
o acordo	l'accord	agreement	die Übereinstimmung
acreditar v.	croire	to believe	glauben
o actor, a actriz	l'acteur, l'actrice	actor, actress	der Schauspieler, die Schauspielerin
actual adj.	actuel	present; current	aktuell; gegenwärtig
adequado adj.	convenable, adéquat	adequate	adäquat
aderir v.	adhérer	to join	teilnehmen
adeus! interj.	au revoir!	goodbye!	auf Wiedersehen!
adiante adv.	devant; après	ahead; after	vorwärts
a adivinha	la devinette	riddle	das Rätsel
adivinhar v.	deviner	to guess	ahnen; voraussagen
adoptar v.	adopter	to adopt	annehmen, adoptieren
adorar v.	adorer	to adore, to love	lieben
adormecer v.	s'endormir	to fall asleep	einschlafen
o adversário	l'opposant, l'adversaire	opponent	der Gegner
o advogado	l'avocat	lawyer	der Rechtsanwalt
o aeroporto	l'aéroport	airport	der Flughafen
afastar v.	éloigner	to put away, to go away	beseitigen, entfernen
a afirmação	l'affirmation	statement	die Bejahung; die Erklärung
afirmativo adj.	affirmatif	affirmative	zustimmend, bejahend, positiv
o agente, ~ de viagem	l'agent, ~ de voyage	agent; travel ~	der Reisebüroangestellte
Agosto n.	août	August	August
agradável adj.	agréable	nice, pleasant	angenehm
o agrião	le cresson	watercress	die Kresse
a água	l'eau	water	das Wasser
aí adv.	là	there	da
ai! interj.	aïe!	ouch!	au!
ainda adv.	encore	still, yet	noch
~ bem	heureusement	happily, fortunately	glücklicherweise
ajudar v.	aider	to help	helfen
alargar v.	élargir	to enlarge; to widen	erweitern
o álcool	l'alcool	alcohol	der Alkohol
o alemão n., adj.	l'allemand	German	der Deutsche, deutsch
o alentejano n., adj.	de l' Alentejo	from Alentejo	jemand aus Alentejo

a alface	la laitue; la salade	lettuce	der Kopfsalat
ali adv.	là	there	da; dort
a alimentação	l'alimentation	food	die Ernährung
alojar v.	loger, héberger	to stay in (to find) a hotel	unterbringen
alto adj.	haut; grand	tall, high	groß
a altura	la hauteur; la taille	height	die Höhe, die Größe
alugar v.	louer	to rent; to hire	(ver)mieten
o aluno, o estudante	l'élève, l'étudiant	pupil, student	der Schüler, Student
amanhã adv.	demain	tomorrow	morgen
o amarelo n., adj.	le jaune	yellow	das Gelb, gelb
o ambiente	l'ambiance; l'environnement	environment	die Umwelt; die Umgebreng
o amigo	l'ami	friend	der Freund
a amizade	l'amitié	friendship	die Freundschaft
o amor	l'amour	love	die Liebe
o(s) ananás (es)	l'ananas, les ~	pineapple(s)	die Ananas
andar v.	marcher	to walk	gehen
andar v. (contente…)	être (content…)	to be (happy…)	(zufrieden…) sein
~ de bicicleta	- faire du vélo	- to ride a bike	Rad fahren
~ de carro	- rouler en voiture	- to go by car	Auto fahren
~ na escola	fréquenter l'école; être à ~	- to attend school	die Schule besuchen
a anedota	l'anecdote	joke	der Witz
o anel	la bague	ring	der Ring
o anho	l'agneau	lamb	das Lamm
o(s) animal(ais)	l'animal, les animaux	animal(s)	das Tier, die Tiere
o aniversário	l'anniversaire	birthday	der Geburtstag
o ano (Novo)	l'an, année, (Nouvelle ~)	year (New ~)	das Jahr (Neujahr)
- quantos anos tens?	- quel âge as-tu ?	- how old are you?	- wie alt bist du?
- quando fazes anos?	- quel est le jour de ta fête?	- when is your birthday?	- wann hast du Geburtstag?
antes adv.	avant	before	vor, bevor
antigo adj.	ancien	old, ancient	alt
anual adj.	annuel	annual, yearly	jährlich
o anúncio	l'annonce	advertisement; announcement	die Anzeige
apagar v.	éteindre; effacer	to switch off; to wipe	auslöschen, ausschalten
apaixonante adj.	passionant	fascinating	spannend
apanhar v. (o metro, frio…)	prendre; attraper	to catch	nehmen / bekommen
o apartamento	l'appartement	apartment	die Wohnung
o aperitivo	l'apéritif	apperitif, appetizer	der Aperitif
apertado adj.	serré	tight	eng
apertar v. a mão	serrer	to tighten; to tie; to shake	pressen; die Hand geben
apostar v.	parier	to bet	wetten
apreciar v.	apprécier	to appreciate	schätzen
a apresentação	la présentation	presentation	die Vorstellung
apresentar v.	présenter	to introduce	vorstellen
aproveitar v.	profiter	to profit, to take advantage of	benutzen, gebrauchen; ausnutzen
aquele (daquele, naquele) det, pr	ce, celui là (de ~, dans ~)	that (of that, in that)	der, jener (von dem, in ~)
aqui adv.	ici	here	hier
~ está!	voilà, voici!	here it is!	da! hier ist es
aquilo pr.	cela, ça	that	das, jenes
o ar	l'air	air	die Luft
ardente adj.	ardent; passionant	blazing; ardent	feurig; brennend

arder v.	brûler	to burn	brennen
a areia, o areal	le sable; la plage	sand; beach	der Sand; der Strand
o armário	l'armoire; le placard	cupboard; wardrobe	der Schrank
os armazéns	les magasins	stores	das Kaufhaus
o arquitecto	l'architecte	architect	der Architekt
arranjar v.	arranger; préparer	to arrange, to fix	in Ordnung bringen
~ a roupa	ranger les habits	to tidy up (one's clothes)	die Kleider wegräumen
~ trabalho	trouver du travail	to find a job	eine Arbeit finden
o arroz	le riz	rice	der Reis
a arte, as Belas-Artes	l'art, les Beaux Arts	art, Fine Arts	die Kunst, die schönen Künste
articular v.	articuler	to articulate	artikulieren
o artigo	l'article	article	der Artikel
o, a artista	l'artiste	artist	der Künstler
artístico adj.	artistique	artistic	künstlerisch
a árvore	l'arbre	tree	der Baum
a asa	l'aile	wing	der Flügel
o aspecto, bom ~	l'aspect, bonne mine	looks, nice looks	das Aussehen, gut aussehen
o assado n., adj.	le rôti	roast	der Braten, gebraten
assar v.	rôtir	to roast	braten
o assassino n., adj.	l'assassin	murderer	der Mörder
assim adv.	ainsi, comme ça	so, therefore; like this	in diesem Fall, also
assinalar v.	signaler	to mark	bezeichnen
o assento	le siège	seat	der Sitz
a assoalhada	la pièce (de la maison)	room	das Zimmer
o astrólogo	l'astrologue	astrologer	der Astrologe
atarefado adj.	occupé	busy	sehr beschäftig
a atenção, prestar ~	l'attention, faire ~	attention; to pay ~	die Aufmerksamkeit, aufpassen
até prep., ~ breve!	jusque; à bientôt!	till; see you soon!	bis, bis bald!
atender v., o telefone	répondre au teléphone	to answer the phone	ans Telefon gehen
está atendido?	on s'occupe de vous?	can I help you?	werden Sie schon bedient?
atlético adj.	athlétique	athletic	athletisch
atrás adv.	derrière, après	behind	hinter
através de loc. prep.	à travers	through	durch
a aula; dar aulas	cours, classe; donner des cours	class, to teach	der Unterricht, unterrichten
aumentar v.	augmenter	to increase	erhöhen
autêntico adj.	authentique	authentic	echt
o automóvel, o carro	l'auto(mobile)	car	der Wagen, das Auto
o auxílio	l'aide	help	die Hilfe
a aveia	l'avoine	oats	der Hafer
a aventura	l'aventure	adventure	das Abenteuer
a avó, o avô	la grand-mère, le grand-père	grandmother, grandfather	die Großmutter, der Großvater
o azeite	l'huile d'olive	olive oil	das Olivenöl
o azar	la malchance	misfortune, bad luck	das Pech
o, a azelha n., adj.	le, la maladroit(e)	clumsy	linkisch; ungeschickt
o azul n., adj.	le bleu	blue	das Blau, blau
o azulejo	le carreau de faïence	enamelled tiles	die Kachel, die Fliese

o bacalhau	la morue	codfish	der Stockfisch
a bagagem	les bagages	luggage	das Gepäck
o baile	le bal	dance, ball	der Ball, der Tanz
baixo adj., adv.	bas	short, low	niedrig
o banco	la banque; le banc	bank; stool; bench	die Bank
a banda desenhada (B. D.)	la bande dessinée (B. D.)	cartoons	der Comic
a bandeira	le drapeau	flag	die Fahne
o banhista	le baigneur	bather	der Badegast
o banho	le bain	bath; bathing	das Bad
o banqueiro	le banquier	banker	der Bankier
barato adj.	bon marché, pas cher	cheap	billig
a barba	la barbe	beard	der Bart
o barco	le bateau	boat	das Schiff, das Boot
a barriga	le ventre	belly	der Bauch
bastante adv.	assez	enough; a lot	genug; viel
a batata, ~s fritas	la pomme de terre, les frites	potato, chips	die Kartoffel, Pommes frites
beber v.	boire	to drink	trinken
a bebida	la boisson	drink	das Getränk
o beijo, dar um ~	la bise, faire la ~ ; embrasser	kiss; to ~	der Kuss, küssen
o, a, belga n., adj.	le, la belge	Belgian	der Belgier, die Belgierin, belgisch
bem adv., n.	bien	well; good	gut
a bengala	la canne	stick; cane	der Stock
a biblioteca	la bibliothèque	library	die Bibliothek
o bigode	la moustache	moustache	der Schnurrbart
o bilhete	le ticket	ticket	die Fahrkarte, die Eintrittskarte
a bilheteira	le guichet	ticket-office	der Schalter, die Kasse
a biografia	la biographie	biography	die Biografie
o bisavô	l'arrière-grand-père	great-grandfather	der Urgroßvater
a boca	la bouche	mouth	der Mund
a bola	le ballon; la balle	ball	der Ball
a bolacha	le biscuit	biscuit	der Keks
o bolo	le gâteau	cake	der Kuchen
bom, boa adj.	bon, bonne	good	gut
bonito adj.	joli, beau	nice, beautiful	schön
a boroa	le pain de maïs	corn bread	das Maisbrot
a bota	la botte	boot	der Stiefel
a boutique	la boutique de mode	fashion shop	die Boutique
o braço	le bras	arm	der Arm
o branco n., adj.	le blanc	white	das Weiße, weiß
a brancura	la blancheur	whiteness	die Weiße
o brasileiro n., adj.	le brésilien	Brazilian	der Brasilianer, brasilianisch
breve adj. até ~!	bref; à bientôt!	brief, see you!	bald, kurz, bis bald
brilhar v.	briller	to shine	glänzen, scheinen
brincar v.	jouer	to play	spielen
a bruma	la brume	mist	der Nebel
a bruxa	la sorcière	witch	die Hexe
buscar v. ir ~	chercher, aller ~	to fetch	holen; suchen

a cabeça	la tête	head	der Kopf
o cabeleireiro	le coiffeur	hairdresser	der Friseur
o cabelo	les cheveux	hair	das Haar, die Haare
cada det.	chaque	each	jeder, jede, jedes
a cadeira	la chaise	chair	der Stuhl
cair v.	tomber	to fall	fallen
calar(-se) v.	se taire	to shut up	schweigen
a caixa	la boîte; la caisse	box	die Kiste
o calçado	les chaussures	foot-wear	das Schuhwerk
as calças	le pantalon	trousers	die Hose
calcular v.	calculer	to calculate	rechnen/kalkulieren
calhar v. ~ bem	tomber, ~ bien	to fall; good!	sich gut treffen
se calhar	c'est possible, peut-être	perhaps	vielleicht
a calma	le calme	calm	die Ruhe
a cama	le lit	bed	das Bett
caminhar v.	marcher	to walk	gehen; wandern
o caminho, ~-de-ferro	le chemin, ~ de fer	way, Rail ~	der Weg, die Eisenbahn
a camisa	la chemise	shirt	das Hemd
a canção	la chanson	song	das Lied
o candeeiro	la lampe	lamp	die Lampe
o candidato	le candidat	candidate	der Bewerber
cantar v.	chanter	to sing	singen
o canto	le chant; le coin	singing; corner	der Gesang; die Ecke
o cantor	le chanteur	singer	der Sänger
o cão, os cães	le(s) chien(s)	dog(s)	der Hund, die Hunde
a capa	la cape; la couverture	cape; cover	der Umhang; die Haube
o Capuchinho Vermelho	le Chaperon Rouge	Little Red Riding Hood	das Rotkäppchen
a cara	le visage	face	das Gesicht
o carinho	la tendresse, le(s) calin(s)	tenderness	die Liebkosung
o Carnaval	le Carnaval	Carnival	der Karneval, Fasching
a carne	la viande	meat	das Fleisch
o carneiro	le mouton	sheep	das Schaf
o carrinho	le chariot, caddy; la petite voiture	trolley; small car	der Wagen, der Einkaufswagen
caro adj.	cher	expensive; dear	teuer; lieb
o carro	la voiture	car	der Wagen
a carta, ~ de condução	la lettre; le permis de conduire	letter; driving licence	der Brief, der Führerschein
o cartão, ~ de crédito	la carte, ~ de crédit	card; credit ~	der Karton; die Kreditkarte
a cartola	le haut-de-forme	top hat	der Zylinderhut
a casa, ~ de banho	la maison; la salle de bain	house; bathroom	das Haus; das Badezimmer
o casaco	la veste; le manteau	jacket; coat	die Jacke; der Mantel
casar(-se) v. (com)	(se) marier (à)	to get married (to)	(ver)heiraten
o castanho n., adj.	brun, marron, châtain	brown	das Braun, braun
o castelo	le château	castle	das Schloss
catalogar v.	cataloguer	to catalogue, to list	katalogisieren
a catedral	la cathédrale	cathedral	der Dom
a causa	la cause	cause	die Ursache, der Grund
a caveira	la tête de mort	skull	der Totenkopf
a cebola	l'oignon	onion	die Zwiebel
cedo adv. de manhã ~	tôt, ~ le matin	early; ~ in the morning	früh, frühmorgens
o celeiro	le grenier	barn	der Speicher

a cenoura	la carotte	carrot	die Karotte
a certeza	la sureté, la certitude	certainty	die Gewissheit
certo adj.	correct, bon	right, correct, sure	richtig
a cerveja	la bière	beer	das Bier
a cevada	la chicorée, l'orge	chicory	der Malzkaffee
o chá	le thé	tea	der Tee
a chamada	le coup de fil, l'appel	call; telephone ~ ; roll ~	der Anruf
chamar(-se) v.	(s')appeler	call, to be called	rufen, heißen
o chapéu	le chapeau	hat	der Hut
chatear-se v., chato adj. (fam.)	(s') ennuyer; embêtant	to bore; annoying; to get bored	stören, unangenehm
a chave	la clé	key	der Schlüssel
chegar v.	arriver; parvenir	to arrive; to get to somewhere	ankommen
cheio adj.	plein	full	voll
cheirar v. ~ bem, mal	sentir, ~ bon, mauvais	to smell; ~ good, bad	riechen; gut, schlecht ~
o cheque	le chèque	cheque	der Scheck
o chocolate	le chocolat	chocolate	die Schokolade
chorar v.	pleurer	to cry	weinen
a chuva	la pluie	rain	der Regen
o chuveiro	la douche	shower	die Dusche
o cidadão	le citoyen	citizen	der Staatsbürger
a cidade, a baixa da ~	la ville, la cité, le centre ville	town, city, down town	die Stadt, die Innenstadt
a ciência	la science	science	die Wissenschaft
o cientista	le scientifique	scientist	der Wissenschaftler
cima adv. de, em, por ~	sur, au dessus	above, over	auf, über
o cinema	le cinéma	cinema	das Kino
o cinzento n., adj.	le gris	grey	das Grau, grau
a claridade	la clarté	clearness, light	die Helle
claro adj., claro! interj.	clair; bien sûr!	bright; of course!	hell; natürlich, gewiss!
clássico adj.	classique	classical	klassisch
o cliente	le client	client, customer	der Kunde
o cogumelo	le champignon	mushroom	der Champignon, der Pilz
a coincidência	la coïncidence	coincidence	der Zufall
a coisa	la chose, le truc	thing	das Ding, die Sache
a colina	la colline	hill	der Hügel
a colher	la cuillère	spoon	der Löffel
com prep., (comigo…)	avec (~ moi…)	with (~ me…)	mit (~ mir)
~ certeza	sûrement, bien sûr	for sure; certainly	sicher
o comboio	le train	train	der Zug
comer v.	manger	to eat	essen
comercial adj.	commercial	commercial	handels…
o comércio	le commerce	commerce	der Handel
como adv., conj.	comme; comment; puisque	as; like; how	als; wie
complexo adj.	complexe	complex	kompliziert
a compra, comprar v.	l'achat; acheter	purchase; to buy	der Einkauf; kaufen
o comprador	l'acheteur	buyer	der Käufer
a comunicação	la communication	communication	die Mitteilung, die Kommunikation
comunicar v.	communiquer	to communicate	mitteilen
o concerto	le concert	concert	das Konzert
concluir v.	conclure	to conclude, to end	abschließen, vollenden
concordar v. (com)	être d'accord (avec)	to agree (with)	einverstanden sein (mit)

o concurso	le concours	contest	der Wettbewerb
confessar v.	avouer	to confess	eingestehen, zugeben
confundir v.	confondre	to confuse, to mix up	verwechseln
conhecer v .	connaître	to know	kennen
a conquista	la conquête	conquest	die Eroberung
conseguir v.	réussir, arriver à	to achieve	erreichen
o consultório	le bureau, le cabinet	doctor's room	die Praxis
o consumista	le consommateur	consumist, consumer	der Verbraucher, Bank-
a conta	l'addition; le compte; la facture	account, bill; invoice	das Konto (Bank-); die Rechnung
contar v. ~ o dinheiro	compter ~ l'argent	to count; ~ money	zählen (Geld ~)
~ com alguém	conter sur quelqu'un	to count on somebody	rechnen (mit jdm); zählen (auf jdm)
~ uma história	raconter une histoire	to tell a story	erzählen (eine Geschichte)
contente adj. estar ~ com	content, heureux; être ~ de	happy, glad; to be ~ with	froh sein
a continuação	la continuation	continuation	die Fortsetzung
o conto	l'histoire; 1000 escudos	tale; 1000 escudos	das Märchen; 1000 Escudos
a contracção	la contraction	contraction	die Kontraktion
contratar v.	contrater	to engage somebody, to contract	engagieren, einstellen
o contrato	le contrat	contract	der Vertrag
a conversa	la causerie; le bavardage	conversation; chat	die Unterhaltung
a cooperação	la coopération	cooperation	die Zusammenarbeit
a cor	la couleur	colour	die Farbe
o coração	le cœur	heart	das Herz
coroar v.	couronner	to crown	krönen
o corpo	le corps	body	der Körper
correcto adj.	correct	correct	richtig
o correio	la poste; le courrier	post office; mail	die Post
correr v. ~ bem, mal	courir; se passer bien, mal	to run; to go well, badly	laufen (gut, schlecht ~)
cortar v.	couper; trancher	to cut	schneiden
o cortejo	le défilé	parade	die Parade, der Umzug
a cortiça	le liège	cork	der Kork
a costureira	la couturière	dressmaker	die Näherin
a couve	le choux	cabbage	der Kohl
o coxo n, adj.	le boiteux	lame	der Hinkende; hinkend
cozido adj.	cuit	boiled	gekocht
a cozinha, a cozinheira	la cuisine; la cuisinière	kitchen; cook	die Küche; die Köchin
o cravo	l'œillet	carnation	die Nelke
o crédito	le crédit	credit	der Kredit
crescer v.	grandir; pousser; (s'ac) croître	to grow up; to grow	wachsen
o crescimento	la croissance	growth; growing wp	das Wachstum
a criação	la création	creation	die Schöpfung
o criador	le créateur	creator	der Schöpfer
a criança	l'enfant	child	das Kind
cruzar v.	croiser	to cross	kreuzen
cuidado! interj. ter ~ com	attention! faire ~ à	look out!; to be careful	Vorsicht! vorsichtig sein
cuidar v. (de)	soigner; s'occuper de	to take care	pflegen
culinário adj.	culinaire	culinary	kulinarisch
a cunhada, o cunhado	la belle-sœur, le beau-frère	brother-in-law, sister-in-law	die Schwägerin, der Schwager
curto adj.	court	short	kurz
custar v., ~ muito	coûter; être cher; être pénible	to cost; ~ a lot; it's hard	kosten, schwer fallen
o custo	le coût	cost	die Kosten (Pl.)

o dado	le dé; la donnée	die (pl. dice); data	der Würfel
banco de ~ s	banque de données	data base	die Datenbank
dançar v.	danser	to dance	tanzen
dantes adv.	auparavant; avant	before	früher
dar v. ~ -se bem	donner; s'entendre bien	to give; to get on well	geben; sich gut verstehen mit
de prep.	de; en	of; from; by	von, aus
debaixo adv.	sous, au dessous de	under	unter
decidir v.	décider	to decide	entscheiden
o dedo	le doigt	finger	der Finger
deitar(-se) v.	(se) coucher; verser	to pour; to go to bed	sich hinlegen
demais adv.	trop	too much	zuviel
definido adj.	défini	definite	bestimmt
deixar v.	laisser; cesser; permettre; quitter	to allow; to let; to leave	lassen
demorado adj. v.	lent, long	long, slow	langsam
demorar, ~ muito tempo	prendre du temps, ~ longtemps	to take (a long) time	lange dauern
o dente	la dent	tooth	der Zahn
dentro (de) adv.	dans; dedans	in; inside	darin, in
depois (de) adv.	après, ensuite	after	danach
depressa adv.	vite	fast, quick, hurry	schnell
depressivo adj.	depressif	depressing	niederdrückend
desaparecer v.	disparaître	disappear	verschwinden
descansar v.	se reposer	to rest	ausruhen
descer v.	descendre	to go down	herunterkommen
descalço adj.	nu-pieds	barefoot	barfuß
descobrir v.	découvrir	to discover; to find out	entdecken
desconsolado(íssimo) adj.	deçu (très)	disappointed (very)	(sehr) enttäuscht
desconsolar v.	decevoir	to disappoint	enttäuschen
o desconto	la réduction	discount, reduction	der Rabatt
descrever v.	décrire	to describe	beschreiben
desde prep.	depuis; dès	since; from	seit
desempenhar um papel v.	jouer un rôle	to have a role; to play a part	eine Rolle spielen
o desenho, desenhar v.	le dessin; dessiner	drawing; to draw	die Zeichnung; zeichnen
desfilar v.	défiler	to march; to parade	vorbeimarschieren
a desgraça	le malheur	misfortune	das Unglück
o desinteresse	le désintérêt	lack of interest	das Desinteresse
deslumbrante adj.	éblouissant	dazzling	strahlend
despachar(-se) v.	(se) dépêcher	to hurry up	sich beeilen
despedir v.	licencier, congédier	to dismiss; to sack; to fire	entlassen
~ -se	dire au revoir	to say goodbye	Abschied nehmen
destinar v.	destiner	to destine; to appoint	bestimmen
o determinante n., adj.	le adjectif; déterminant	decisive; adjective	die Bestimmung, bestimmend
detestar v.	détester	to hate	verabscheuen, hassen
Deus n.	Dieu	God	Gott
o dever	le devoir	duty	die Pflicht
dez num., dezena	dix, dizaine	ten	zehn
dezanove num.	dix-neuf	nineteen	neunzehn
dezasseis num.	seize	sixteen	sechzehn
dezassete num.	dix-sept	seventeen	siebzehn
Dezembro n.	décembre	December	Dezember
dezoito num.	dix-huit	eighteen	achtzehn

o dia, (bom-dia)	le jour; la journée; (bonjour)	day; (good morning)	der Tag, (guten Tag)
o diálogo	le dialogue	dialogue	das Gespräch
diante (de) adv.	devant, en face	before, in front of, opposite	gegenüber
diário adj.	quotidien	daily	täglich
a dieta	le régime; la diète	diet	die Diät
a diferença	la différence	difference	der Unterschied
diferente adj.	différent	different	verschieden
difícil adj.	difficile	difficult	schwierig
o dinheiro	l'argent	money	das Geld
a direita	la droite	right hand side	rechts
o direito	le droit	the law	das Recht
o disco	le disque	disc; record	die Schallplatte; die Scheibe
o discurso	le discours	speech	die Rede
disfarçar-se v. (de)	(se) déguiser (en)	to disguise (as)	(sich) verkleiden
distinguir v.	distinguer	to distinguish	unterscheiden
distribuir v.	distribuer	to distribute	verteilen
a diversão	l'amusement, divertissement	amusement, entertainement	die Belustigung
divertir v. (-se)	(s')amuser; divertir	to amuse, to have fun	sich amusieren
a divisão	la pièce; la division; le partage	room; division	der Raum; die Teilung
dizer v. (dito part. pas.)	dire, (dit)	to say, (said); to tell, (told)	sagen, (besagt)
a doação	le don, la donation	gift, donation	die Schenkung
o doce, n., adj.	le gâteau; doux, sucré	cake; sweet	der Kuchen; süß
doer v., a doença	avoir mal, la maladie	to hurt; illness	wehtun; die Krankheit
dois, duas num.	deux	two	zwei
o domingo	le dimanche	Sunday	der Sonntag
a dor (ter dores)	douleur; (avoir mal)	pain; (to be in ~)	der Schmerz (Schmerzen haben)
dormir v.	dormir	to sleep	schlafen
dourado adj	doré	golden	vergoldet
o doutor (Dr.)	le docteur (Dr.)	doctor (Dr.)	der Doktor (Dr.)
doze num.	douze	twelve	zwölf
o drama	le drame	drama, tragedy	die Tragödie, das Drama
durante adv.	pendant; durant	during; for	während
duro adj.	dur	hard	hart, zäh
a dúzia	la douzaine	dozen	das Dutzend
a economia	l'économie	economy	die Wirtschaft
economizar v.	économiser	to save	sparen
o efeito	l'effet	effect	die Wirkung
os efeitos especiais	les effets spéciaux	special effects	die Sondereffekte (Pl.)
eficiente adj.	efficace	efficient	effizient, tüchtig
eis adv.	voilà	here he/she/it is	hier ist es
ele, ela pron. com ~	il, elle, lui; avec ~	he, she; him, her, with ~	er (sein), sie (ihr), mit ihm/mit ihr
em prep.	en; dans	in	in
emagrecer v.	maigrir	to lose weight	abnehmen
embrulhar v.	faire un paquet, emballer	to wrap up	einhüllen
a emoção	l'émotion	emotion	die Erregung
emocionante adj.	émouvant	touching	ergreifend
empilhar v.	empiler	to pile up	aufstapeln
o empregado	l'employé	employee	der Arbeitnehmer
empregar v.	employer; utiliser	to employ; to use	beschäftigen, einstellen

emprestar v., pedir emprestado	prêter; emprunter	to lend; to borrow	leihen
encantado adj., príncipe ~	ravi; prince charmant	enchanted; Prince Charming	bezaubert, der Märchenprinz
encantar v.	enchanter, charmer	to enchant	bezaubern
encaracolado adj.	bouclé	curly	lockig
o encarnado adj., n., vermelho	le rouge, le vermeil	red	das Rot, rot
encher v.	remplir	to fill, to fill in	ausfüllen
encontrar v.	trouver; rencontrer	to find; to meet	finden, treffen
o encontro	la rencontre; le rendez-vous	meeting; date; appointment	das Treffen, die Verabredung
enfim adv.	finalement	finally; at last	endlich
enganar(-se) v.	(se) tromper	to make a mistake; to be wrong	sich ~, täuschen
o engenheiro	l'ingénieur	engineer	der Ingenieur
englobar v.	englober	to include	einschließen
engordar v.	grossir	to put on weight	zunehmen
engraçado adj.	drôle, amusant	funny	lustig
enorme adj.	énorme	huge	riesig
enquanto (que) conj.	pendant que	while; whereas	während
ensinar v.	enseigner, apprendre	to teach	lehren
o ensino	l'enseignement	education	der Unterricht
o ensino superior	l'enseignement supérieur	higher education	die höhere Ausbildung
então adv.	alors, donc	then, so	dann
a entrada, entrar v.	l'entrée, entrer	entrance, to enter, to come in	der Eintritt, eintreten
entre prep.	entre; parmi	between; among	zwischen
envenenar v.	empoisonner	to poison	vergiften
a época	l'époque	epoch; season	die Epoche
a epopeia	l'épopée	epic	das Epos
equipar v.	équiper	to equip; to provide	ausrüsten
equivalente adj.	équivalent	equivalent	gleich
errado adj. estar ~	erroné; être faux, avoir tort	wrong; to be ~	Falsh; sich irren; einen Fehler machen
as ervilhas	les petits pois	garden peas	die Erbsen (Pl.)
a escolha, escolher v.	choix, choisir	choice, to choose	die Auswahl, auswählen
esconder v.	cacher	to hide	verstecken
o erro, dar ~ s	l'erreur, la faute; faire des ~ s	mistake; to make ~ s	der Fehler, ~ begehen
a escravatura	l'esclavage	slavery	die Sklaverei
escrever v. (escrito part. pas.)	écrire (écrit)	to write (written)	schreiben (geschrieben)
o escritor	l'écrivain	writer	der Schriftsteller
escuro adj.	foncé, obscur	dark	dunkel
esfregar v.	frotter	to rub	reiben
o espaço	l'espace	space	der Raum
espaçoso adj.	spacieux	spacious, roomy	geräumig
o espanhol n., adj.	l'espagnol	Spaniard; Spanish	der Spanier; spanisch
o espanto, espantar v.	l'étonnement; étonner, surprendre	astonishment; to astonish	das Erstaunen, in Erstaunen setzen
especial adj.	spécial	special	besonders, speziell
o espectáculo	le spectacle	show	das Schauspiel
o espelho	le miroir, la glace	mirror	der Spiegel
a espera	l'attente	waiting	das Warten, die Erwartung
a esperança	l'espoir, l'espérance	hope	die Hoffnung
esperar v., estar à espera	esperer, souhaiter; attendre	to hope; to wait	hoffen; erwarten; wünschen
os espinafres	les épinards	spinach	der Spinat
espreitar v.	guetter, observer	to peep	gucken
a espuma	la mousse; l'écume	foam	der Schaum

esquecer v. (-se de)	oublier	to forget	vergessen
a esquerda, à ~	la gauche, à ~	left, on the left	links
a esquina	le coin	corner	die Ecke
estabelecer v.	établir	to establish	gründen
a estação (do ano)	la saison	season	die Jahreszeit
~ de comboio	la gare	train station	der Bahnhof
~ de metro	la station	Underground station	der U-Bahnhof
a estadia	le séjour	stay	der Aufenthalt
o Estado	l'État	State	der Staat
a estante	la bibliothèque; l'étagère	bookcase; set of shelves	das Regal
estar v. (~ com frio,...)	être (avoir froid)	to be (cold)	sein (kalt sein)
a estátua	la statue	statue	das Standbild
este, det., pr.	ce; celui	this	dieser
a estética n., adj.	l'esthétique	esthetic	die Ästhetik, ästhetisch
estimular v.	stimuler	to stimulate	anregen, reizen
a estrada	la route	road	die Straße
a estrela	l'étoile	star	der Stern
estremecer v.	frémir; ébranler	to shake; to shiver	erschüttern
o estudante	l'étudiant	student	der Schüler, Student
estudar v., o estudo	étudier, l'étude	to study; learning	lernen, studieren
o estúdio	le studio; l'atelier	studio	das Studio
eu pr. (sujeito)	je, moi	I, me	ich
excelente adj.	excellent	excellent	ausgezeichnet
a excepção	l'exception	exception	die Ausnahme
executar v.	exécuter	to carry out	ausführen
o exemplo	l'exemple	example	das Beispiel
exercer (uma profissão) v.	avoir un métier	to have a profession	einen Beruf ausüben
o exercício	l'exercice	exercice	die Übung
experimentar v.	essayer; expérimenter	to try; to experiment	versuchen; experimentieren; probieren
expor v.	exposer	to expose; to describe; to explain	stellen; ausstellen
a expressão	l'expression	expression	der Ausdruck

a fábrica, fabricar v.	l'usine; fabriquer	factory; to produce	das Werk, die Fabrik; herstellen
a faca	le couteau	knife	das Messer
fácil adj.	facile	easy	einfach
o fado	le fado	fado	der Fado
falar v.	parler	to speak, to talk	sprechen
a falta	l'absence; le manque	lack; absence; fault	der Mangel
faltar v.	manquer; être absent	to lack; to be absent	fehlen
a família	la famille	family	die Familie
a fantasia, a máscara	le déguisement; le masque	costume, mask	die Verkleidung, die Maske
fantasiar-se de v.	se déguiser en	to dress up	sich verkleiden als
fartar-se de v.	en avoir assez ; en avoir marre	to have enough, ~ too much of	etwas satt haben
~ de comer	trop manger	to eat too much	zuviel essen
farto adj., estar ~	en avoir assez, ~ marre	to be fed up with	satt, ~ sein
o fato	le costume	costume, suit	der Anzug
a fava	la fève	broad bean	die Bohne
o favor (por ~ , se faz ~)	la faveur; (s'il vous plaît)	favour; (please)	der Gefallen; (bitte)
fazer v. (part. pas. feito)	faire, (fait)	to make, (made)	machen, (gemacht)
~ pouco	se moquer de	to make fun of, to joke at	spotten über

fechar v.	fermer	to close	zumachen
a feira	le marché, la foire	fair, market	der Markt, die Messe
a segunda -~, terça -~, quarta-~	lundi, mardi, mercredi....	Monday, Tuesday, Wednesday	der Montag, Dienstag, Mittwoch
a felicidade, feliz adj.	le bonheur, heureux	happiness, happy	das Glück, froh, glücklich
feminino adj.	féminin	feminine	weiblich
feriado, as férias	férié, congé; les vacances	holiday, holidays	der Feiertag, Ferien (Pl), der Urlaub
a ferida	la blessure	wound	die Verletzung
a festa, festejar v.	la fête; fêter	party; to party; celebrate	die Party; feiern
Fevereiro n.	février	February	Februar
o fiambre	le jambon	boiled ham	der Schinken
ficar v., ~ contente	rester ; être content(e)	to stay, to be happy	bleiben, glücklich sein
o ficheiro	le fichier	card-index; file	die Kartei; die Datei
a figura	la figure, l'image	picture	die Figur; das Bild
figurado adj.	figuré	figurative (meaning)	bildlich
o filho, os filhos	le fils; les enfants	son; children	der Sohn; die Kinder (Pl.)
o fim, ~ -de-semana	la fin; le week-end	end; weekend	das Ende; das Wochenende
financeiro adj.	financier	financial	finanziell
fino adj.	fin; mince, étroit	thin	fein
a fisionomia	la physionomie	physiognomy; face	die Physiognomie, der Gesichtsausdruck
a fita	le ruban	ribbon	das Band
o flamengo n., adj.	le flamand	Flemish	der Flame, flämisch
a flor	la fleur	flower	die Blume
a fluidez	la fluidité	fluidity	der flüssige Zustand
o fogo, o fogão	le feu; la cuisinière	fire; stove; cooker	das Feuer; der Herd
a folha	la feuille	sheet; leaf	das Blatt
a fonte	le bassin; la fontaine; la source	source, fountain	die Quelle
fora adv. lá ~, cá ~	hors, dehors	out, outside	draußen
a formação	la formation	formation, education	die Ausbildung
formidável adj.	formidable	fantastic	fantastisch, wunderbar
formosa adj.	belle	pretty	schön
a foto(grafia)	la photo(graphie)	photo; snapshot	die Fotografie; das Foto
o francês n., adj.	le français	Frenchman; French	der Franzose französisch
o frasco	le flacon	flask, jar	das Fläschchen
a frase	la phrase	sentence	der Satz
frente, adv., em ~	devant, en face; tout droit	front, in front of; ahead	gegenüber
a frescura	la fraîcheur	freshness	die Kühle
o frigorífico	le frigo	fridge, refrigerator	der Kühlschrank
frio adj.	froid	cold	kalt
fritar v.	frire	to fry	in Fett backen
a fruta, o fruto	les fruits, le fruit	fruit	das Obst, die Frucht
o fumo	la fumée	smoke	der Rauch
o futebol	le football	football; soccer (AmE)	der Fußball

gado	le bétail	cattle	das Vieh
a gaiola	la cage	cage	der Käfig
ganhar v.	gagner	to win; to earn	gewinnen
a garganta	la gorge, le col	throat	der Hals
a garrafa	la bouteille	bottle	die Flasche
a gasolina	l'essence	petrol; gasoline (AmE)	das Benzin
gastar v.	dépenser	to spend	ausgeben

o gato	le chat	cat	die Katze
a gaveta	le tiroir	drawer	die Schublade
o(s) gémeo(s)	le(s) jumeau(x)	twin(s)	der (die) Zwilling(e)
o género	le genre	gender; kind	die Gattung, die Art
a gente	les gens; on, nous	people; we, one	die Leute, man
geral adj.	général	general	allgemein
o ginásio	le gymnase	gym(nasium)	die Turnhalle
a ginástica	la gym(nastique)	gymnastics	die Gymnastik
giro (giríssimo) adj.	mignon, chouette (très ~)	cute, nice (very ~)	hübsch (sehr ~)
os glícidos	les glucides	glucose	die Glukose, der Traubenzucker
gordo adj.	gros	fat, plumpy	dick
gostar de v.	aimer	lo like, to love	gern haben, lieben
o gosto	le goût	taste	der Geschmack
o Governo	le gouvernement	government	die Regierung
a grama	la gramme	grass	das Gramm
a gramática	la grammaire	grammar	die Grammatik
gramatical adj.	gramatical	grammatical	grammatisch
grande adj.	grand(e)	big, great	groß
o grão	le grain	cereal; corn	das Korn
grosso adj.	épais	thick	dick, umfangreich
a grelha	la grille	grill	der Rost
gritar v.	crier	to shout	schreien
o grupo	le groupe	group	die Gruppe
o guarda	l'agent; le gardien	policeman; watchman	der Wächter, der Schutzmann
guardar v.	garder, ranger	to keep, to protect	bewachen, schützen
a guerra	la guerre	war	der Krieg
o guerreiro	le guerrier	warrior	der Krieger
o hábito	l'habitude; l'habit	habit; costume	die Gewohnheit
haver v. ~ de	y avoir; devoir	there to be; will; should	es gibt; müssen
o hidrato, ~ de carbono	l'hydrate, ~ de carbone	hidrate, carbon ~	das Hydrat, das Kohlehydrat
a história	l'histoire	story; history	die Geschichte
o holandês n., adj.	le hollandais	Dutchman; Dutch	der Holländer, holländisch
o homem	l'homme	man	der Mann; Mensch
a hora	l'heure	hour	die Stunde
o horror, horroroso adj.	l'horreur, horrible	horror, horrible	der Schrecken, schrecklich
a hortaliça	les légumes	vegetables	das Gemüse
o hospital	l'hôpital	hospital	das Krankenhaus
o humano	l'humain	human	menschlich
o húngaro n., adj.	l'hongrois	Hungarian	der Ungar, ungarisch
a idade	l'âge	age	das Alter
a ideia	l'idée	idea	die Idee
identificar(-se) v.	(s') identifier	to identify (oneself)	identifizieren
igual adj.	égal, pareil	equal	gleich
iluminar v.	illuminer; éclairer	to illuminate, to light	beleuchten
a imagem	l'image	image	das Bild
a imaginação	l'imagination	imagination	die Einbildungskraft
imaginar v.	imaginer	to imagine	sich einbilden
imaginário adj.	imaginaire	imaginary	eingebildet, imaginär

imenso adj.	immense	immense, huge	riesig
imóvel adj.	immobile	immovable	bewegungslos
o império	l'empire	empire	das Reich, Weltreich, der Imperium
importante adj.	important	important	wichtig
importar v.	importer	to import	importieren
a imprensa	la presse	press	die Presse
o incêndio	l'incendie	fire	der Brand
indeciso adj.	indécis	undecided	unentschlossen, zögernd
indefinido adj.	indéfini	indefinite	unbestimmt
indicar v.	indiquer	to direct, to indicate, to point	anzeigen
o indicativo	indicatif	indicative	der Indikativ
o índio	l'indien (d'Amérique)	Indian (American)	der Indianer
infeliz adj.	malheureux	unhappy	unglücklich
a influência	l'influence	influence	der Einfluss
informar v.	informer	to inform	Bescheid sagen
o inglês n., adj.	l'anglais	English; Englishman	englisch, der Engländer
o inquérito	l'enquête	inquest, inquiry	die Umfrage
injuriar v.	injurier	to insult	beschimpfen
a instituição	l'institution	institution	die Anstalt
o instrumento	l'instrument; l'outil	instrument; tool	das Instrument
inteiro adj.	entier	entire	ganz
o interesse	l'intérêt	interest	das Interesse
interrogar(-se) v.	(s') intérroger	to interrogate, to wonder	fragen, sich ~
interrogativo adj.	intérrogatif	interrogative	fragend
a inveja	la jalousie	envy	der Neid
o Inverno	l'hiver	winter	der Winter
o investigador	le chercheur	investigator	der Forscher
o iogurte	le yaourt	yogurt	der Joghurt
ir v. (~ -se embora)	aller, (s'en ~)	to go, (~ away)	gehen, (weggehen)
o irlandês n., adj.	l'irlandais	Irishman; Irish	der Ire, irisch
o irmão, a irmã	le frère, la sœur	brother, sister	der Bruder, die Schwester
irreconhecível adj.	méconnaissable	unrecognizable	unerkenntlich
isso, isto pr.	cela; ceci; ça	that, this	dies da, das da
o italiano n., adj.	l'italien	Italian	italienisch, der Italiener

já (até já!)	déjà ; tout de suite; (à tout à l'heure)	already, right now. (see you)	schon (bis gleich)
Janeiro n.	janvier	January	Januar
a janela	la fenêtre	window	das Fenster
o jantar v., n.	le dîner	to dine, dinner	das Abendessen
o jardim	le jardin	garden	der Garten
o jazigo	le tombeau	tomb	das Grabmal
jogar v., o jogador	jouer, le joueur	to play, player	spielen, der Spieler
o jornal	le journal	newspaper	die Zeitung
o jovem n., adj.	le jeune homme, jeune	young man, young	jung
Julho n.	juillet	July	Juli
Junho n.	juin	June	Juni
junto adv. (~ a, ~ de)	près de	near, close to	neben
juntos adj.	ensemble	together	zusammen
a juventude	la jeunesse	youth	die Jugend

lá adv.	là, ~ bas	there	dort
o lábio	la lèvre	lip	die Lippe
o laço	le noeud	tie, bow-tie	die Schleife
o lado	le côté	side	die Seite
a feira da ladra	le marché aux puces	flea market	der Flohmarkt
o ladrão, a ladra	le voleur, la voleuse	thief, burglar	der Einbrecher, die Einbrecherin
a lágrima	la larme	tear	die Träne
a laranja	l'orange	orange	die Orange
largo adj.	large	broad, wide	breit
a lata	la boîte de conserve	tin	die Dose
lavar v.	laver	to wash	waschen
o leão, os leões	le(s) lion(s)	lion(s)	der Löwe, die Löwin
lectivo adj.	scolaire	school	Schul...
a legenda	le soustitre, la légende	legend; subtitle	die Legende; der Untertitel
o(s) legume(s)	le(s) légume(s)	vegetable(s)	das Gemüse (die)
o leilão	les enchères	auction	die Versteigerung
o leitão	le cochon de lait	sucking-pig; pork	das Spanferkel
o leite	le lait	milk	die Milch
a leitura	la lecture	reading	das Lesen, die Lektüre
a lembrança	le souvenir	remembrance, souvenir	die Erinnerung
lembrar v. ~ -se de	se rappeler, se souvenir de	to remember	sich erinnern
a lenda	la légende	legend	die Legende
lento adj.	lent	slow	langsam
ler v.	lire	to read	lesen
a letra	l'écriture; la lettre	letter	der Buchstabe
o letreiro	l'enseigne, l'avis	sign	die Aufschrift
levar v.	apporter, emporter; emmener	to take, to carry	bringen, mitnehmen
levantar(-se) v.	(se) lever	to get up, to rise; to stand up	aufstehen
leve adj.	léger	light	leicht
(-) lhe pr. (c. ind.)	lui; vous	him/her; you	ihm, ihn
a lição	la leçon	lesson	die Lektion; die Stunde; der Unterricht
limpo, adj., limpar v.	propre; nettoyer	clean, to clean	sauber
lindo adj.	beau, joli	beautiful	schön
a língua	la langue, le langage	tongue; language	die Zunge; die Sprache
a linha	la ligne	thread, line	die Zeile
liso adj.	lisse; plat	smooth, flat	glatt, schlicht
o litro	le litre	litre	der Liter
livre adj., a liberdade	libre, la liberté	free, freedom	frei, die Freiheit
o livro, a livraria	le livre, la librairie	book, bookstore	das Buch, die Buchhandlung
o lobo	le loup	wolf	der Wolf
o local	le lieu, l'endroit	place	der Ort, die Stelle
a localização	la localisation	location	die Lokalisierung
logo adv. (até logo!)	plus tard, (à tout à l'heure!)	later, (see you ~!)	später, (bis ~)
fica logo à direita	c'est juste à droite	it's just there on the right	das befindet sich gerade rechts
longe (de) adv.	loin (de)	far (from)	weit entfernt
a loja	le magasin, la boutique	shop, store	das Geschäft
a louça, lavar a ~	la vaisselle; faire la ~	dishes; china; to do the ~	das Geschirr
a loucura, o louco n., adj.	la folie; le fou	madness; madman, mad	der Wahnsinn
louro adj.	blond	blond, fair	blond
a lua	la lune	moon	der Mond

lúcido adj.	lucide	clear-minded, lucid	klar
o lucro	le profit, le bénéfice	profit, benefit	der Profit
lunático adj.	lunatique; distrait	insane; lunatic	wunderlich
o lugar	le lieu, l'endroit, la place	place; seat	der Ort
o luxemburguês n., adj.	le luxembourgeois	Luxemburger; Luxemburgian	der Luxemburger, luxemburgisch
a luz	la lumière, l'éclairage	light; lamp	das Licht

a maçã	la pomme	apple	der Apfel
a madeira	le bois	wood	das Holz
madeirense adj.	de Madère	Madeiran	aus Madeira
a madrinha, o padrinho	la marraine, le parrain	godmother, godfather	die Taufpatin, der Taufpate
a(s) mãe(s), o pai	la (les) mère(s), le père	mother(s), father	die Mutter (die Mütter), der Vater
o maestro	le chef-d'orchestre	conductor	der Dirigent
magnífico adj.	magnifique	splendid	prächtig
magro adj.	maigre; mince	thin	dünn
(o) maior adj.	(le) plus grand	bigger, - est; greater, - est	größer, am größten
(o) mais adj., adv.	(le) plus	more, the most	mehr, am meisten
(o) mal n., adv.	(le) mal	evil, badly	übel, schlecht
a mala (~ do carro)	la valise; (le coffre)	bag, suitcase; trunk	der Koffer; der Kofferraum
a malta (fam.)	la bande; nous	group, we, gang	die Clique
maluco adj.	fou	crazy	verrückt
mandar v.	envoyer; ordonner	to send; to command	befehlen, schicken
~ fazer	faire faire	to have something done	machen lassen
a maneira	la manière, la façon	manner, way	die Weise
a manhã	le matin	morning	der Morgen
a mania	la manie	mania	die Manie
manifestar v. (-se)	manifester	to demonstrate, to show	demonstrieren
manter v.	maintenir	to maintain, to keep up	aufrechterhalten
a(s) mão(s)	la(les) mains	hand (s)	die Hand, Hände
a máquina (de lavar)	la machine (à laver)	(washing) machine	die Maschine (die Waschmaschine)
o mar	la mer	sea	das Meer
a maravilha	la merveille	wonder	das Wunder
Março n.	mars	March	März
o marido	le mari	husband	der Ehemann
o marisco	les fruits de mer	shell-fish	die Meeresfrüchte
marítimo adj.	maritime	maritime	See…
mas conj.	mais	but	aber
a máscara	le masque	mask	die Maske
masculino adj.	masculin	masculine	männlich
a massa	les pâtes; la pâte; le fric	noodle; dough	die Masse, der Teig
a matemática	les mathématiques	maths	die Mathematik
materno adj.	maternel	maternal, motherly	mütterlich
má, mau adj.	mauvais(e); méchant(e)	bad, evil	schlimm, böse
o máximo n., adj.	le maximum	great, - est	wunderbar; stark; das Höchste
(-) me pr. (c. dir., ind.)	me, moi	me, myself	mich, mir
meão adj.	moyen	middle	mittel–
o mecânico	le mécanicien	mechanic	der Mechaniker
a medalha	la médaille	medal	die Medaille
medir v. (eu meço 1,70 m)	mesurer, (je fais 1,70 m)	measure (I'm – tall)	messen
o médico	le médecin	doctor	der Arzt

o medo, ter ~	la peur, avoir ~	fear, to be afraid	die Angst, Angst haben
a(s) meia(s)	les collants; les chaussettes	tights; socks, stockings	die Strumpfhose, der Strumpf
o meio n., num.	le moyen; milieu; la moitié, demi	middle; half	das Mittel
(o) melhor adj.	le mieux, le meilleur	better, best	(das) beste
a melhoria	l'amélioration	improvement	die Verbesserung
o membro	le membre	member	das Mitglied
a memória	la mémoire	memory	das Gedächtnis
o menino, a meninice	l'enfant, le petit, l'enfance	child, little boy, childhood	das Kind, die Kindheit
(o) menos det., pr., adv.	(le) moins	less; fewer; least	wenig, das wenigste
o mercado	le marché	market	der Markt
o mês	le mois	month	der Monat
a mesa	la table	table	der Tisch
(o) mesmo det., pr., adv.	(le) même	same	dasselbe
a metade	la moitié	half	die Hälfte
metálico adj.	métallique	metallic	metallisch
meter v.	mettre	to put; to stick in	stecken
o metro	le métro; le mètre	Underground	die U- Bahn
o meu det., pr.	mon; le mien	my; mine	mein
mexer v.	bouger; remuer	to move, to mix	mischen
mil num.	mille; mil	one thousand	(ein)tausend
o milagre	le miracle	miracle	das Wunder
o milho	le maïs	corn, maize	der Mais
o minuto	la minute	minute	die Minute
mobilar v., os móveis	meubler, les meubles	to furnish, furniture	möblieren, die Möbel
a mobilidade	la mobilité	mobility	die Beweglichkeit
a moda	la mode	fashion	die Mode
o modo	le mode, la façon	way, manner; mode	die Weise
a moeda	la pièce; la monnaie	coin; currency	die Münze
moldar v.	mouler	to mould	formen
o molho	la sauce	sauce; gravy; dressing	die Soße
a montanha	la montagne	mountain	der Berg
a montra	la vitrine	shop-window	das Schaufenster
o morcego	la chauve-souris	bat	die Fledermaus
moreno adj.	brun	sun-tanned	braun
morrer v. (part. pas. morto)	mourir (mort)	to die (dead)	sterben (gestorben)
a morte	la mort	death	der Tod
mostrar v.	montrer	to show	zeigen
a mota	la moto	motorbike	das Motorrad
o motor	le moteur	engine; motor	der Motor
a mousse	la mousse(au chocolat)	chocolate mousse	die Mousse
mudar v. ~ de casa	changer; déménager	to change; to move in	verändern; umziehen
muito adv., det., pr.	très; beaucoup (de)	much, a lot; very	viel, sehr
a multa	l'amende, la contravention	fine	die Strafe
o mundo	le monde	world	die Welt
o museu	le musée	museum	das Museum
o musgo	la mousse	moss	das Moos
a música	la musique	music	die Musik

no prep. + art. (em + o)	dans le, au	in, on the, at the	in; auf; an
as nabiças	les fanes de navet	turnip leaves	die Rübenblätter
o nabo	le navet	turnip	die Rübe
nada adv.	rien	nothing	nichts
a nacionalidade	la nationalité	nationality	die Nationalität
o namorado	le petit ami, ami, fiancé	boy-friend	der Freund
não adv.	non; ne … pas	no, not	nein; nicht
o nariz	le nez	nose	die Nase
nascer v.	naître	to be born	geboren werden
a natação	la natation	swimming	das Schwimmen
o Natal	Nöel	Christmas	das Weihnachten
nativo adj.	natif	native	gebürtig
natural adj.	naturel	natural	natürlich
a natureza	la nature	nature	die Natur
o navegador	le navigateur	navigator	der Seemann
negativo adj.	négatif	negative	verneinend, negativ
o negócio	l'affaire	business	das Geschäft
nem… nem conj.	ni… ni	neither… nor	weder...noch
nenhum det., pr.	aucun	no; none; neither	kein
o nervo , nervoso adj.	le nerf, nerveux	nerve, nervous	der Nerv, nervös
a neve	la neige	snow	der Schnee
ninguém pr.	personne	nobody, no one	niemand
o ninho	le nid	nest	das Nest
o nível	le niveau	level	das Niveau; die Ebene
a noção	la notion	notion	die Vorstellung, der Begriff
o nome	le nom	name	der Name
nós, (-) nos pr.	nous, nous	we, us	wir, uns
(o) nosso det., pr.	notre, le nôtre	our, ours	unser
a noite	la nuit, le soir	night, evening	die Nacht, der Abend
a nota	le billet; la note	note	der Geldschein, die Note
a notícia	la nouvelle	news item	die Nachricht
nove num.	neuf	nine	neun
Novembro n.	novembre	November	November
noventa num.	quatre-vingt-dix	ninety	neunzig
novo adj.	neuf, nouveau; jeune	new; young	neu; jung
o número	le nombre, numéro, chiffre; la taille	number; size; digit	die Nummer; die Größe
nunca adv.	jamais	never	nie
o nutricionista	le nutritionniste	nutritionist	der Ernährungsspezialist
a nuvem	le nuage	cloud	die Wolke

o, art., pr.	le; celui	the, that; it, him	der; derjenige
o objecto	l'objet	object	die Sache
a obra	l'oeuvre, l'ouvrage	work	das Werk
estar em ~ s	être en travaux	being renovated	sich im Bau befinden
o ocidente, o oeste	l'occident, l'ouest	the West	der Westen
o oculista, os óculos	l'oculiste; les lunettes	optician; glasses, spectacles	der Augenarzt; die Brille
oferecer v.	offrir	to offer	anbieten, schenken
a oferta	l'offre	offer, gift	das Angebot
o ofício	le métier	job, profession	der Beruf
oitenta num.	quatre-vingts	eighty	achtzig

oito num.	huit	eight	acht
olá! interj.	salut!	hello, hi!	hallo!
(o) olhar n., v. ~ para, ~ por	le regard, regarder; s'occuper de	sight, to look; ~ at; ~ after	der Blick schauen, achten auf
o olho	l'oeil	eye	das Auge
a onda	la vague	wave	die Welle
onde adv. para ~	où	where	wo
onze num.	onze	eleven	elf
óptimo n., adj.	optimal; très bon	great, excellent	prima
organizar v.	organiser	to organize	organisieren
a orientação	l'orientation	orientation	die Orientierung
o Oriente, o Leste	l'orient, l'est	Orient, East	der Osten
ou… ou conj.	ou… ou	or; either… or	entweder… oder
o ouro	l'or	gold	das Gold
o outro adj., pr.	l'autre	the other	andere
Outubro n.	octobre	October	Oktober
ouvir v.	écouter, entendre	listen; to hear	hören
o ovo	l'œuf	egg	das Ei

P

a paciência	la patience	patience	die Geduld
o pacote (de leite…)	le paquet; le sachet; (la brique…)	packet	das Paket
o padrinho	le parrain	godfather	der Pate
pagar v.	payer	to pay	bezahlen
o pagamento	le paiement	payment	die Bezahlung
a página	la page	page	die Seite (Buch)
o pai, os pais	le père; les parents	father; parents	der Vater; die Eltern
o país, (os países)	le(s) pays	country; (-ies)	das Land, (Länder)
a paisagem	le paysage	landscape	die Landschaft
a paixão	la passion	passion	die Leidenschaft
a palha	la paille	straw	das Stroh
a palavra	le mot	word	das Wort
o pão, (os pães)	le(s) pain(s)	bread; loaf-ves	das Brot (Brote); das Brötchen
o papel	le papier; le rôle	paper; part	das Papier, die Rolle
o par	la paire	pair	das Paar
para prep.	pour à; vers	to; for; at	zu, für
parar v.	s'arrêter	to stop	stoppen, (an)halten
a paragem	l'arrêt (de bus)	(bus) stop	die Haltestelle
parecer v., n.	paraître; l'avis, l'opinion	to seem; opinion	die Meinung; sehen....wie
~ -se com-	ressembler	to look like	ähnlich sehen
parecido adj.	ressemblant, pareil	similar	ähnlich
a parede	le mur	wall	die Wand
o(s)parêntesis	les parenthèses	parenthesis	die Klammer(n)
o parque	le parc	park	der Park
a parte	la part, la partie, le morceau	part	der Teil
a partida	le départ	departure	die Abfahrt
partir v.	briser; couper; partir	to break; to leave; to cut	brechen
o passado	le passé	past	die Vergangenheit
domingo ~	dimanche dernier	last Sunday	letzten Sonntag
passar v.	passer	to go over; to pass	gehen, überqueren
passear v., vai ~ !	se promener; laisse moi la paix!	to walk; leave me alone!	wandern, spazieren gehen
paterno adj.	paternel	paternal	väterlich

o patrão	le patron	chief, boss	der Chef
a paz	la paix	peace	der Friede
o pé	le pied	foot	der Fuß
a peça	la pièce	piece; play	das Stück
pedir (para) v.	demander (de)	to ask (to)	fragen
pegar (em) v.	prendre	to hold, to pick up, to take	fangen, fassen, nehmen
o peito	la poitrine	breast	die Brust
o peixe	le poisson	fish	der Fisch
a pele	la peau	skin	die Haut
o pensamento	la pensée	thought	der Gedanke
pensar (em) v.	penser (à)	to think of, about	denken
(o) pequeno n., adj.	(le) petit	small, little (boy)	klein
perceber v.	comprendre	understand	verstehen
percorrer v.	parcourir	to go; walk through	durchfahren
perder v.	perdre	to lose	verlieren
perfeito adj.	parfait	perfect	perfekt
perguntar v.	demander	ask	fragen
o perigo, adj. (perigoso)	le danger, dangereux	danger, dangerous	die Gefahr, gefährlich
a perna	la jambe	leg	das Bein
a perseverança	la persévérance	perseverance	die Beharrlichkeit
a personagem	le personnage	character	die Figur
perto (de) prep.	près (de)	near	nah bei
o pescoço	le cou	neck	der Hals
o peso, pesado adj.	le poids, lourd	weight, heavy	das Gewicht, schwer
a pessoa, pessoal adj.	la personne, personnel	person, personal	die Person, persönlich
a pimenta	le poivre	pepper	der Pfeffer
o pinheiro	le pin, le sapin	pine tree	die Kiefer
pintar v.	peindre	to paint	malen
o pintor, a pintura	le peintre, la peinture	painter, painting	der Maler, die Malerei
(o) pior adj., adv.	(le) pire	worse, worst	schlechter
a plantação	la plantation	plantation	der Anbau, die Pflanzung
o plástico n., adj.	le plastique	plastic	der Kunststoff
o plural, os plurais	pluriel	plural, s	der Plural (e)
o pneu	le pneu	tyre	der Reifen
(o) pobre, n., adj.	(le) pauvre	poor	der Arme, arm
podar v.	couper, élaguer	to prune	beschneiden
(o) poder n., v.	(le) pouvoir	power; can	die Macht; können
o poema, o poeta	le poème, le poète	poem, poet	das Gedicht, der Dichter
pois conj.	parce que, donc	because, that's why	weil, also
a polícia, o ~	la police; l'agent	police, ~ man	die Polizei
polivalente adj.	polyvalent	polyvalent	vielseitig
o polvo	le pieuvre	octopus	der Polyp
a ponta	la pointe; le bout	point; end	die Spitze
a ponte	le pont	bridge	die Brücke
o ponto	le point	point	der Punkt
pôr v.	mettre	to put	stellen
por prep.	par; pour	by; for	für; bei
o porco	le porc	pig	das Schwein
porquê? porque… adv.; conj.	pourquoi?; parce que, car	why?; because…	warum?; weil
a porta	la porte	door	die Tür

portanto conj.	donc, c'est pourquoi	so, that's why	deshalb
o português n., adj.	le portugais	Portuguese	der Portugiese, portugiesisch
a possibilidade	la possibilité; la chance	possibility; chance	die Möglichkeit, die Chance
possível(mente) n., adj. adv.	possible, possible(ment)	possible (possibly)	möglicherweise
pouco det, pron, adv.	peu (de)	little; few	wenig
a pousada da juventude	l'auberge de jeunesse	youth hostel	die Jungendherberge
o prato	le plat; l'assiette	plate; dish	die Speise
a praça	la place	square	der Platz
a praia	la plage	beach	der Strand
praticar v.	pratiquer	to practise	ausüben
o prazer	le plaisir	pleasure	die Freude
precisar de v.	avoir besoin de	to need	brauchen
preciso, precisamente adj., adv.	rigoureux, précis, justement	exact(ly)	genau
o preço	le prix	price	der Preis
preencher v.	remplir	to fill in	ausfüllen
preferir v.	préférer	to prefer	vorziehen
o prémio	le prix	prize	der Preis
a prenda, o presente	le cadeau, le présent	gift, present	das Geschenk
a preposição	la préposition	preposition	die Präposition
o presente (tempo)	le présent	present	die Gegenwart
a pressa, ter ~	la hâte; être pressé	hurry; to be in a ~	die Eile
o pressentimento	le pressentiment	premonition; feeling	die Vorahnung
prestar v. serviço ~	rendre un service	to help, to serve	helfen; einen Dienst leisten
o pretérito	le passé	past	Präteritum
o preto n., adj.	le noir	black	das Schwarz, schwarz
o primeiro num.	le premier	first	der erste
o primo	le cousin	cousin	der Cousin
o príncipe, ~ encantado	le prince, ~ charmant	prince, ~ charming	der Prinz, der Märchenprinz
o princípio	le principe; le début	principle; beginning	der Anfang
privado adj.	privé	private	privat
procurar v. (~ alguém)	chercher (~ quelqu'un)	to look for (somebody)	suchen (jmd ~)
o produto	le produit	product	das Produkt
o professor	le professeur, l'enseignant	professor, teacher	der Lehrer, Professor
a profissão	la profession, le métier	job	der Beruf
profissional adj.	professionnel	professional	beruflich
o programa, programar v.	le programme; programmer	programme; to program	das Programm, programmieren
prolongar v.	prolonger	to extend	verlängern
a promoção	la promotion	promotion	das Sonderangebot
o pronome	le pronom	pronoun	das Pronomen
pronto adj.	prêt	ready	rasch, sofort, umgehend
próprio adj., eu ~	propre, moi même	own, myself	eigen, ich selbst
a propósito loc. prep.	à propos	by the way	übrigens
a proposta	la proposition	proposal	der Vorschlag
provar v.	essayer; déguster; prouver	to try; to taste; to prove	beweisen, prüfen, probieren
próximo n., adj., adv.	le prochain; proche; près	next; near	nächst
o psicólogo	le psychologue	Psychologist	der Psychologe
o pudim	le pudding	pudding	der Pudding
o pulsar n., v.	le battement	beat; to ~	das Klopfen; klopfen, schlagen
a pureza, puro adj.	la pureté; pur	purity; pure	die Reinheit, rein
puxar v.	tirer; pousser	to pull, to draw	ziehen

o quadro	le tableau	picture	das Bild
qual det., pron.	quel, lequel	which, who, that	welche
qualquer, quaisquer det., pr.	quelconque, n'importe (le) quel…	any, anybody, whichever	irgendein, jeder
quando conj.	quand	when	wenn, als
a quantidade	la quantité	quantity	die Menge
quantitativo adj.	quantitatif	of quantity	mengenmäßig
quanto det., pr.	combien (de)	how much	wieviel?
quarenta num.	quarante	forty	vierzig
a quarta-feira	le mercredi	Wednesday	Mittwoch
o quarto, n., num.	la chambre; quatrième	room; fourth	das Zimmer; der, die, das vierte
quase adv.	presque	almost	fast
quatro num.	quatre	four	vier
que conj., pr.	que	that	dass
o queijo	le fromage	cheese	der Käse
quem pron.	qui	who, whom	wer
quente adj.	chaud	hot, warm	warm
querer v.	vouloir	to want	möchten/wollen
a questão, o questionário	la question, le questionnaire	question, questionnaire	die Frage, der Fragebogen
o quilo	kilo	kilo	das Kilo
a quinta-feira	le jeudi	Thursday	Donnerstag
quinze num.	quinze	fifteen	fünfzehn

raiar v.	rayonner	to radiate; to dawn	strahlen
o ramalhete	le bouquet	bunch	der Strauß
o rapaz, a rapariga	le garçon, la fille	boy, girl	der Junge, das Mädchen
rápido adj.	rapide	fast	schnell
raso adj. sapato ~	plat (e); chaussure ~	flat; shoe with no heel	der flach; absatzlose Schuh
a razão	la raison	reason	der Grund
a realidade	la réalité	reality	die Wirklichkeit
o realizador	réalisateur	artistic director	der Filmregisseur
a rebaixa	le solde, la réduction	sales, reduction	der Ausverkauf
receber v.	recevoir	to receive; to accept	empfangen, bekommen
a receita	la recette; la prescription	recipe; prescription	das Rezept
o recibo	le reçu	receipt	die Quittung
o reclame	le réclame	advert, poster	die Reklame
a recolha	la récolte	collection	das Sammeln, die Sammlung
recolher v.	recolter	to gather; to collect	sammeln
a recomendação	la recommandation	recommendation	die Empfehlung
recomendar v.	recommander	to recommend	empfehlen
reconhecer v.	reconnaître	to recognize	erkennen
o reconhecimento	la reconnaissance	recognition	das Erkennen; die Anerkennung
reconstruir v.	reconstruir	to rebuild	wieder aufbauen
a recordação	le souvenir	recollection; souvenir	die Erinnerung
recordar v.	rappeler, se souvenir	to remember	sich erinnern
rectangular adj.	rectangulaire	rectangular	rechteckig
o rectângulo	le rectangle	rectangle	das Rechteck
recuperar v.	récupérer	to get back; to recover	wiedererlangen; sich erholen
a recusa	le refus	refusal	die Ablehnung
a redacção, redigir v.	la rédaction, rédiger	composition; to write	die Redaktion, verfassen
a redução	la réduction	reduction	die Verminderung

reduzir v.	réduire	to reduce	vermindern
a refeição	le repas	meal	die Mahlzeit
reflectir v.	refléchir	to reflect; to think	zurückstrahlen
o regaço	le sein, le col	lap	der Schoβ
a regra	la règle	rule	die Regel
regressar v.	rentrer; revenir; retourner	to return	zurückkommen
o regresso	le retour	return	die Rückkehr
regular adj.	régulier	regular	regelmäßig
o rei, a rainha	le roi, la reine	king, queen	der König, die Königin
reinar v.	régner	to reign (over)	herrschen
o relâmpago	l'éclair	lightning	der Blitz
o relógio	l'horloge; la montre	clock; watch	die Rente
o relojoeiro	l'horloger	watchmaker	der Uhrmacher
reparar v.	remarquer; réparer	to notice; to repair	reparieren; merken
a residência	le domicile; la résidence	residence	der Wohnort
residir v.	habiter	to live in	wohnen
a resolução	la résolution	resolution	die Lösung
resolver v.	résoudre	to solve; to decide	auflösen
responder v., a resposta	répondre; la réponse	to answer; answer	antworten, die Antwort
o resto	le reste	the rest; remainder	der Rest
o retrato	le portrait	portrait	das Porträt
rever v.	revoir; réviser	to see again; to revise	wiedersehen, überprüfen
a revista	la revue, le magazine	magazine	die Zeitschrift
rico adj.	riche	rich	reich
o rifão	le dicton, le proverbe	proverb, saying	das Sprichwort
o rio	le fleuve	river	der Fluss
rir-(se) v., rir-se de	rire; se moquer de	to laugh; to laugh at	lachen; spotten über
o riso	le rire	laughter	das Lachen
a rolha	le bouchon	cork, stopper	der Kork
o romance	le roman	novel	der Roman
a roupa	les vêtements, les habits	clothes	die Kleidung
a rua	la rue	street	die Straße
rugir v.	rugir	to roar	brüllen
o russo n., adj.	russe	Russian	der Russe, russisch
rústico adj.	rustique	rustic	rustikal, ländlich

a sabedoria	la sagesse	wisdom	die Weisheit
(o) saber n., v.	(le) savoir	Knowledge, to know	wissen
o saco	le sac; le sachet	bag, sack	die Tasche
a saia	la jupe	skirt	der Rock
a saída	la sortie	way out	der Ausgang
sair v.	sortir	to go out	ausgehen
a sala	la salle	room; living-room	das Wohnzimmer
o(s) saldo(s)	ie(s) solde(s)	sales; balance	der Ausverkauf; der Saldo
o salmão	le saumon	salmon	der Lachs
a salsa	le persil	parsley	die Petersilie
o sangue	le sang	blood	das Blut
o santo n., adj.	le saint	saint; holy	der Heilige, heilig
a sapataria	le bottier	shoe-shop	das Schuhgeschäft
o sapato	le soulier, la chaussure	shoe	der Schuh

a sardinha	la sardine	sardine	die Sardine
satisfeito adj.	satisfait	satisfied	zufrieden
a saúde	la santé	health	die Gesundheit
se pr., conj.	si, se	if, himself	wenn
a Sé	la cathédrale	cathedral	die Kathedrale
a sede	la soif	thirst	der Durst
secundário adj.	secondaire	secondary	sekundär
a seara	la moisson	harvest	die Ernte
secar v.	sécher	to dry	trocknen
a secretária	la secrétaire; le bureau	secretary; desk	die Sekretärin; der Schreibtisch
sedutor adj.	séduisant, séducteur	attractive, seducer	verführerisch, der Verführer
o seguimento	la suite	following	die Fortsetzung
seguinte, adj. seguir v.	suivant, suivre	next, to follow	nächst, folgen
a segunda-feira	le lundi	monday	Montag
(o) segundo n. num., adv.	la seconde; deuxième; selon	second, according to	der zweite; zweitens, anhand
(o) seguro n. adj.	l'assurance; sûr	assurance; safe	die Versicherung; sicher
seis num.	six	six	sechs
o selo	le timbre	stamps	die Briefmarke
sem prep.	sans	without	ohne
a semana, o fim-de- ~	la semaine, le week-end	week-end	die Woche, das Wochenende
semear v.	semer	to sow	säen
a(s) sementeira(s)	les semailles	sowing	die Saat (en)
semi pref.	demi	half	halb
sempre adv.	toujours	always	immer
o senhor	le monsieur, vous	sir, Mr, you	der Herr, Sie
a senhora	la dame, madame, vous	lady, Mrs, you	die Frau, Sie
o sentido	le sens	sense, meaning	der Sinn
sentir v.	sentir	to feel	fühlen
ser v.	être	to be	sein
é preciso	il faut	it's necessary	es ist notwendig
servir v. (-se) (para)	(se) servir (à)	to serve to	zu, (sich bedienen)
sessenta num.	soixante	sixty	sechzig
sete num.	sept	seven	sieben
Setembro	septembre	September	September
setenta num.	soixante-dix	seventy	siebzig
(o) seu det., pr.	son, le sien; votre, le vôtre	his, its; your(s)	sein(e), ihr(e), Ihr(e)
a sexta-feira	le vendredi	friday	Freitag
o significado	le sens	meaning	der Sinn, die Bedeutung
silencioso adj.	silencieux	silent	schweigend, still
sim adv.	oui, si	yes	ja
simpático	sympa(tique)	kind, nice	sympathisch
o sinal	le signe	sign, mark	das Signal, das Zeichen
~ (verde…)	le feu (vert…)		das grüne Ampelzeichen
fazer ~	signaler, faire signe		~ machen
situar (-se) v.	(se) situer	to situate	(sich) befinden
só, sozinho adj., adv.	seul (e) seulement, ne… que	alone, only, just, but	nur, allein, einsam
(o) sobretudo n. adv.	surtout; le pardessus; surtow	overcoat; especially, above all	der Überzieher, besonders
o sol	le soleil	sun	die Sonne
(o) solteiro n., adj.	(le) célibataire	single	der Ledige, ledig
sólido adj.	solide	solid	fest

a solução	la solution	solution	die Lösung
somar v.	compter, ajouter	to add	hinzuzählen
o sono	le sommeil	sleep	der Schlaf
o sorriso, sorridente	le sourire, souriant(e)	smile, smiling	das Lächeln, lächelnd
sossegado adj.	tranquille	calm	ruhig
a sorte	la chance; le sort	luck, chance	das Glück
Que ~ !	Quelle chance!	what a chance!	So ein Glück!
subir v.	monter	to go up	hinaufsteigen
sublinhar v.	souligner	to underline	unterstreichen
substituir v.	remplacer	to substitute	ersetzen
o sucesso	le succès	success	der Erfolg
o sul	sud	south	der Süden
sumptuoso adj.	somptueux	sumptuous	prächtig
o suor	la sueur	sweat	der Schweiß
surfista	surfer	surfer	der Surfer
surpreender v.	surprendre	to take by surprise	überraschen
a surpresa	la surprise	surprise	die Überraschung
o suspiro	le soupir	sigh	der Seufzer

T2	un deux pièces	T2	
o tacão	le talon	heel	der Absatz
o talento	le talent	talent	das Talent
talvez adv.	peut -être	perhaps	vielleicht
também adv.	aussi	also, too	auch
tanto det, pr., adv.	tant, autant, tellement	as(s) much, as many, as well as	so viel
o tamanho	la taille	size	die Größe
a tarde	l'après-midi	afternoon	der Nachmittag
o teatro	le théâtre	theater	das Theater
telefonar v.	telephoner	to call	anrufen
o telefone	le téléphone	telephone	das Telefon
o telefonema	le coup de fil	a telephone call	der Anruf
a televisão, a T. V.	la télé(vision)	television, T. V.	das Fernsehen
o tempo	le temps	weather, time	das Wetter
o ténis, o tenista	le tennis, le Tennisman	tennis; tennis player	das Tennis; der Tennisspieler
tentar v.	essayer, tenter	to try	versuchen
ter v. ~ de	avoir, ~ à de voir	to have, ~ to must	haben, ~ zu
a terra, a Terra	la terre, la Terre	land; country; the Earth	die Erde
a terça-feira	le mardi	tuesday	Dienstag
testar v.	tester	to test	prüfen, testen
(o) teu det., pr.	le tien	your(s)	dein(e)
o texto	le texte	text	der Text
o tio, a tia	l'oncle, la tante	uncle, aunt	der Onkel, die Tante
o tipo	le type	type	der Typ
tirar v.	retirer, enlever	to take of	ziehen herausnehmen
~ uma foto	prendre une photo	to take a photo	ein Foto aufnehmen
o título	le titre	title	der Titel
todo det., pr.	tout	all	ganz
tomar v.	prendre	to take	nehmen
o tomate	la tomate	tomato	die Tomate
tornar (-se) v.	devenir	to become	werden

a torre	la tour	tower	der Turm
a touca	la coiffe	head dress	die Kopfbedeckung
a tourada	la corrida	bull-fighting	der Stierkampf
o toureiro	le toréador	bull-fighter	der Stierkämpfer
trabalhar v.	travailller	to work	arbeiten
o trabalho	le travail, la tâche	work, job	die Arbeit
a trança	la tresse	plait	die Haarflechte
o trânsito	la circulation	traffic	der Verkehr
a transmissão, transmitir v.	transmission, transmettre	transmission, to transmit	die Übertragung, senden
transportar, o transporte v.	transporter, le transport	to carry, transport	befördern, der Transport
o trapo	le chiffon	rag	der Putzlappen
a trás prep.	derrière	behind	hinten; zurück
tratar (se) v.	soifner, s'occuper	to treat	behandeln
tratar-se de	il s'agit de	consisting of	sich handeln um
(o) travesti	le travesti	travesty	der Travestie
trazer v.	apporter, porter, emprunter	to bring, to carry	bringen
três num.	trois	three	drei
as trevas	les ténèbres	darkness	die Finsternis
treze num.	treize	thirteen	dreizehn
triangular adj.	triangulaire	triangular	dreieckig
o tribunal	le tribunal	court	das Gericht
o trigo	le blé	wheat	das Korn
trinta num.	trente	thirty	dreißig
as tripas	les tripes	tripe	die Kaldaunen (pl.)
a tristeza	la tristesse	sadness	die Traurigkeit
a troca	l'échange, change	swap	der Wechsel
trocar v.	changer, échanger, troquer	to exchange	wechseln
tu pron., contigo	tu; avec toi	you, with you	du, mit dir
tudo adv., pron.	tout	all, everything	alles
a túnica	la tunique	tunic	die Tunika

U

último adj., pr.	dernier, ultime	last	letzt
um art. num.	un	a(n); one	ein; eins
universal adj.	universel	universal	welt…
a universidade	l'université	university	die Universität
universitário adj.	universitaire	universitary	Universitäts-
urgente adj.	urgent	urgent	dringend
usado adj.	usé	used	gebraucht
usar v.	user	to use	gebrauchen
o uso n.	l'usage	use	der Brauch, der Gebrauch
utilizar v.	utiliser	to use	benutzen

V

a vaca	la vache	cow	die Kuh
a vantagem	l'avantage	advantage	der Vorteil
vários det., pr.	plusieurs	several	mehrere
a vassoura	le balai	broom	der Besen
vasto adj.	vaste	vast	weit
vazio adj.	vide	empty	leer
a vela	la bougie; la voile	candle; sail	die Kerze; der Segel
a velharia	l'antiquité	antique	die Antiquität

PORTUG-13

o velho n., adj.	le vieux ; âgé	old; ancient	der Alte; alt
vencer v.	vaincre; réussir	to win	besiegen
vender	vendre	to sell	verkaufen
ver v.	voir, regarder	to see, to look	sehen
o verão	l'été	summer	der Sommer
a verdade	la verité	truth	die Wahrheit
verde adj.	vert	green	grün
a verdura	la verdure	greenness	das Grün
o vermelho n., adj.	le rouge	red	das Rot, rot
a versão	la version	version	die Version
a véspera	la veille	eve, the day before, previsious day	am Vorabend; am vorigen Tag
o vestido	la robe	dress	das Kleid
vestir v. (-se)	s'habiller	to dress, to wear	anziehen
o vestuário	le vêtement; c'est ton ~	costume, clothes	die Kleidung
a vez(es), é a tua ~	la fois; tour	time(s) it's your turn	mal, du bist an der Reihe
a viagem, viajar v.	le voyage, voyager	trip, to travel	die Reise, reisen
a vida	la vie	life	das Leben
a vindima	la vendange	grape-gathering	die Weinlese
vindimar v.	vendanger	to harvest	die Weinlese halten
o vinho	le vin	wine	der Wein
vinte num.	vingt	twenty	zwanzig
violeta	violet	purple	violett
vir v.	venir	to come	kommen
virar v.	tourner	to turn	abbiegen, drehen
a visita	la visite	visit	der Besuch
visitar v.	rendre visite	to visit	besuchen
a vista	la vie	the sight	die Aussicht, das Sehen
viver v., vivo adj.	vivre, vif, vivant	to live, alive	leben, lebendig
voar v.	voler	to fly	fliegen
a vocação	la vocation	vocation	die Berufung
você(s) pr.	vous, monsieur/ madame	you, mr./ mrs	Sie (formell)
a vogal	la voyelle	vowel	der Vokal
a volta, n. à ~ (de)	le tour, autour de	turn, around	die Drehung; um… herum
voltar v.	revenir	to (re)turn	wenden, umkehren, zurückkommen
a vontade	la volonté, l'envie	will	der Wille
o vôo	le vol	flight	der Flug
(a) vossa det., pr.	votre, le vôtre	your(s)	euer, eure
a voz	la voix	voice	die Stimme
xi-coração (dar um ~)	embrasser	big hug (to give a ~)	die Umarmung (umarmen)
zangar-se v.	se fâcher	to get angry	Sich ärgern

X

Bibliografia básica unilingue para aprendizagem de Português Língua Estrangeira

Lista não exaustiva, dirigida a todos os que quiserem aprofundar o conhecimento da Língua

Alves da Costa, «Dicionário de estrangeirismos», Lisboa, Ed. Domingos Barreira, 1990.

Buarque de Holanda (A.), «Novo Dicionário Aurélio», Rio de Janeiro, Ed. Nova Fronteira, 2.ª ed., 1986.

Cunha (C.); Sintra L., «Nova Gramática do Português Contemporâneo», Lisboa, Sá da Costa, 1986.

Dicionário de Língua Portuguesa, Porto, Porto Editora, 1994, 7.ª ed.

Vilela (M.), Dicionário Básico de Língua Portuguesa, Porto, Asa, 1990.

Gramática de Valências: teoria e aplicação, Coimbra, Almedina.

Ghittescu (M.), «Dicionário prático de substantivos e adjectivos com os regimes preposicionais», Lisboa, Fim do século, 1992.

Mendes Silva, «Português Língua Viva», Lisboa, Teorema, 1987.

Monteiro (D.); Pessoa (B.), «Guia prático dos verbos portugueses», Lisboa, Lidel, 1993.

Morais (A. de); «Grande Dicionário da língua portuguesa», Lisboa, Confluência.

Neves (O.), «Dicionário de frases feitas», Porto, Lello & Irmão, 1992.

Nobre (E.), «Dicionário de Calão», Lisboa, D. Quixote, 1986.

Nogueira Santos (A.), «Novos Dicionários de Expressões Idiomáticas», Lisboa, Sá da Costa, 1990.

Figueiredo (O.) e Bizarro (R.), «Da palavra ao Texto», Porto, Asa, 1994.

Ramalho (E.), Dicionário estrutural estilístico e sintático da Língua Portuguesa, Porto, Lello & Irmão, 1985.

Rodrigues Lapa (M.), «Estilística da Língua Portuguesa», Coimbra, Coimbra Editora, 1984.

Sá Nogueira (R.), Dicionário de verbos portugueses conjugados, Lisboa, Livraria Popular Francisco Franco.

Silva (H.), Dicionário de provérbios, Lisboa, Escher, 1990.

Mira Mateus, M. H. e outros, «Gramática da Língua Portuguesa», Coimbra, Almedina, 1983.

Martino, M. R. D. «Ouvir falar-Introdução à Fonética do Português», Lisboa, Caminho, 1988.

Fonseca, F. I. «Estudos de Linguística Geral e de Linguística Aplicada ao Ensino do Português», Porto, Porto Editora, 1994.

Fonseca, J., «Estudos da Sintaxe – Semântica Tipo e Programática do Português», Porto, Porto Editora, 1992.

Escritores citados

Artistas Plásticos Representados

Correspondentes em língua portuguesa

Poderá recorrer à seguinte lista, se quiser aprofundar os seus conhecimentos sobre a língua e cultura portuguesas

Maria de Fátima Matos (prof. de português)
Rua Vitorino Damásio, 64 – 4200 Porto

Martin Wunsch (est. línguas)
Lauterer Straße, 5
München Deutschland

Isabel Constança (prof. de línguas)
Rua Francisco Sanches, 124 – 4100 Porto

Vera Vasconcelos (estudante de línguas)
Rua D. João IV, 716 – 3.° Esq. – 4000 Porto

Jorge Braga de Matos (arquitecto)
Rua António Abreu, 21 – Lisboa

Maria Augusta Miranda de Andrade (prof. de port.)
Rua Miguel Bombarda, 151-1.° 4000 Porto

Pilar Borges (est. línguas)
Av. D. João III, 13- 5.° Esq.
9500 Ponta Delgada
S. Miguel Açores

Daniela Matos Soares (engenheira biotecnóloga)
Rua do Relógio, 365 - 1.° – 4200 Porto

Sílvia Cavaco (est. de línguas)
Rua Nova do Visconde, 111
9500 Ponta Delgada
S. Miguel Açores

Carlos Antunes (arquitecto)
Bairro de Santa Apolónia, 179 - 3.° Esq.
3020 Coimbra

Isolina Macedo (prof. de port.)
Rua de S. João, 52 – 4910 Caminha
Caminha

Óscar Centeno Giralde (jurista)
Calle Obispo Nieto, 24
49026 Zamora – Espanha

Astrid Fernandez (est. de línguas)
36, Av. des Sangliers
60300 Senlis – França

Maria Vitória Brito (prof. de português)
34, Rue Auguste Bailly
Asnières – Paris – França

Sterre Haverkamp (est. de línguas)
2, Rue Paturle
75014 – Paris – França

Denis Volkov (est. de direito)
P.O. Box 79 - 195271 – S. Petersburgo – Russia

Sílvia Sanchez
Plaza Iglesia, 13
Pilan de la Horadada
03190 – Alicante – Espanha

Miguel Braga (est. direito)
Rua António Cardoso, 5231 - Hab. 21 – 4150 Porto – Portugal

Vasco Marques (est. Ciências Políticas)
Rue Honnee Kisberg, n.° 25
1950 – Kreinen
Bruxelas – Belgique

Tomasz Suska
Ul. Kowalskiego 3/47
Varsóvia – Polónia

Mari Yamashita
2-2-15 Kitago
Takefu Fukui
9-15 Japão

Curiosidades linguísticas

É interessante e divertido relacionar as línguas entre si, através da etimologia. Assim, por exemplo, considere as seguintes palavras ou designações sobre:

1) os dias da semana

- lunes (esp.), lundi (fr.), lunedi (it.), monday (ingl.), Montag (alem.).
  Todas estas línguas se referem ao dia da lua (lunae dies, latim; moon/day, ingl.)
- martes (esp.), mardi (fr.), martedi (it.), é o 3.° dia consagrado a Marte, divindade planetária.
- miércoles (esp.), mercredi (fr.), mercoledi (it.), é o 4.° dia, dedicado a Mercúrio.
- jueves (esp.), jeudi (fr.), giovedi (it.), thursday (ingl.), Donnerstag (alem.), é o dia de Júpiter (jupiter/jovis lat.; Donar/thor, deus do Trovão para os germânicos).
- viernes (esp.), vendredi (fr.), venerdi (it.), friday (ingl.), Freitag (alem) é o dia de Vénus (venus/veneris, lat. e de Frigg, deusa da fertilidade para os germânicos)

Em português, os nomes dos cinco dias da semana de trabalho remontam ao tempo dos suevos e à actividade comercial das feiras ou mercados.
Assim: segunda-feira, terça-feira, quarta-feira, quinta-feira, sexta-feira.

Na oralidade suprime-se «feira» e no quotidiano escreve-se: 2.ª f., 3.ª f., 4.ª f., 5.ª f., 6.ª f..

- Sábado (7.° dia da semana) consagrado a Saturno pelos romanos passou a contemplar o dia de descanso judeu, reflectindo-se em quase todas as línguas da Europa; assim como o domingo é dia do Senhor para os cristãos a partir do século II d.C. (depois de Cristo).

2) Ventana (esp.) relaciona-se com window (ingl.) através da ideia de «vento».
Em português, «janela» como «Janeiro» quer dizer «que abre» respectivamente a casa ou o ano
fenêtre (fr.), fenestra (it.), fenaster (al.), relacionam-se com fresta (abertura estreita na parede) e «flecha», arma utilizada nos castelos medievais.

3) queijo (port.), queso (esp.), cheese (ingl.), der Käse (alem.), relacionam-se com a 1.ª palavra de «caseus formaticus» (em latim) «queijo em forma»;
fromage (fr.), formaggio (it.), relacionam-se com a 2.ª palavra.

4) nicotina vem do francês «nicotine», planta do tabaco, trazida para a Europa por Jean Nicot, (1559) embaixador de frança em Portugal.

5) candidato e cândido, sinónimo de puro, têm a mesma etimologia. O candidato apresentava-se na tribuna ao povo romano, coberto de pó branco em sinal de pureza e incorruptibilidade.

6) caran d' ache é uma marca suíça de lápis de cor. Era o nome de um desenhador suíço que esteve na Rússia em campanha militar. Na Rússia o seu nome passou a significar «lápis».

7) cálculo pode significar previsão numérica e também pedra rena ou vesicular. Na antiguidade os pastores calculavam o número de animais dos rebanhos fazendo corresponder o número de pedras ao número de animais.

8) nónio, instrumento de cálculo matemático vem do nome de Pedro Nunes, matemático que o inventou e descreveu (1542).

9) pneu vem do grego «pneuma, atos» e significa sopro, respiração, (donde pneumonia).

10) nave, navio, nau têm a mesma etimologia latina «nāve». Donde navegar, cortar o mar, o ar ou o espaço cibernético. A nave (barco) tem a mesma estrutura em quilha da nave duma catedral mas invertida.

11) os patronímicos acabados em -es em português, resultam do genitivo latino -ici, traduzindo a ideia de posse, de pertença. Assim, D. Afonso Henriques (1.° rei português) era filho do conde D. Henrique, cruzado da Borgonha.

Nun<u>es</u>, Fernand<u>es</u>, Gonçalv<u>es</u>, Rodrigu<u>es</u>, traduzem a filiação de Nuno, Fernando, Gonçalo, Rodrigo. Descubra os sobrenomes relacionados com Sancho, Marco, Domingo, Lopo.

12) A sua descoberta, reflexão ou questão: sobre a sua língua, o português e outras línguas:

Espaço para os outros

Texto virgem de uma aluna de iniciação ao fim de 40 horas, para emprego do pretérito imperfeito. Continue a correcção do texto e dê-lhe um título.

Era uma vez, uma criança que tinha os olhos grandes e curiosos, o nariz era do mesmo tamanho e farejante, a cara era cheia como a Lua e os cabelos, castanhos e indomables [áveis]. Mas ela não o sabia. Aquelas eram características que só os adultos podiam ver. Ela sentia curiosidade pelas coisas, gostava de cheirar tudo, sonhava com viver com a lua e não se deixava agarrar pelos outros. Mas como só chegava a ver as ancas da gente que a rodeava, perdia-se a metade das coisas que o mundo lhe ofrecia. Assim, vivia no país "Dasancasparabaixo", e aquele mondo não exprimia-lhe demasiadas emoções. Buscava, pois, alguem com quem descobrir as curiosidades, os cheiros, ela queria chegar até a lua, amiga e perseguidora dela. Havia pessoinhas a que veia os olhos, mas andavam distraídas com outras estupidezes. A solução tinha-a bem perta: os animáis estavam ali, esperavam-la e desejavam fazer tudo com ela. Cães, gatos peludos, com pulgas,... eles formavam a família dela, no país "Dasancasparabaixo". Depois, claro, como crescia e crescia [cada vez mais], achava que cada vez mais grande podia ser a família: cavalos, cabras, vacas,... Mas, não cream [ainda], pessoas também. Não todas, contudo. Só aquelas que "curiosavam," [eram curiosas] cheiravam, gostavam de amirar à lua serena e a saudavam, e que deixavam o cabelo fazer como ele queria, sem forçá-lo. Como deve ser.

S. Sánchez

Carta de um estudante russo a todos os estudantes de Português, e respectiva tradução em russo.

Caros estudantes de português
Olá! Tenho muito prazer em saudar-vos da Rússia. Chamo-me Denis. Moro numa das mais bonitas cidades do mundo, São Petersburgo. Gosto muito de viajar e estudar línguas. Há ainda alguns anos eu não sabia quase nada de Portugal. Logo depois de escola entrei na Universidade onde comecei a estudar a Língua Portuguesa. Cada dia aprendia algo de novo e interessante nem só da língua mas também de Portugal, do seu Povo, tradições e costumes.
Em 1991 estudava no Curso de Verão na Universidade do Minho, tive boa oportunidade de ver o País e conhecer muita gente simpática. Tenho agora muitos amigos em Portugal e espero visitá-los todos mais uma vez.

Дорогие студенты
Привет! Рад приветствовать вас из России. Меня зовут Денис. Я живу в одном из красивейших городов мира – Санкт-Петербурге. Я очень люблю путешествовать и изучать иностранные языки. Ещё несколько лет назад я почти ничего не знал о Португалии. Сразу после школы я поступил в Университет, где стал изучать португальский язык. Каждый день я узнавал что-то новое и интересное не только о португальском языке, но и о Португалии, её народе, традициях и обычаях.
В 1991 г. я учился на Летних Курсах в Университете Минью, и у меня была прекрасная возможность увидеть страну, познакомиться со многими приятными людьми. Теперь у меня много друзей в Португалии, и я надеюсь посетить их всех ещё раз.

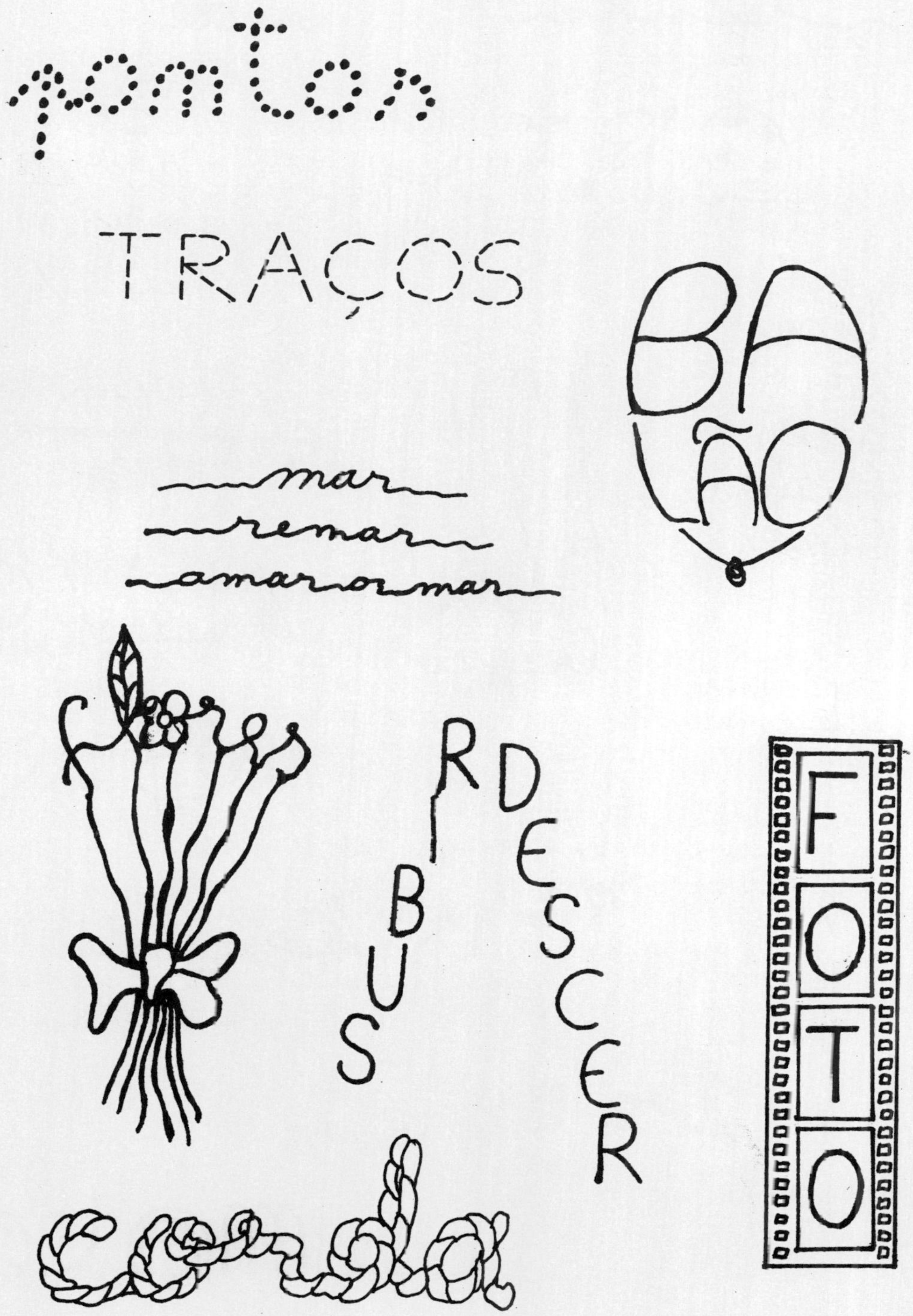
pontos
TRAÇOS
BALÃO
mar
remar
amar o mar
flores
SUBIR
DESCER
FOTO
corda

linha
arte
d
de
deg
degr
degra
degrau
degraus
1m
2ois
3rês
4uatro
5inco
ALTO
baixo
AMO
ALVO
APO$TAR
ESPARGUETTE
moto

Espaço para si . . .

• Divirta-se com as línguas, textos ou palavras.